AF396233

VOIE ROMAINE

DE BLAIN VERS ANGERS,

PAR M. BIZEUL.

Cette voie sortait de Blain par la grande route actuelle (route royale de 3.ᵉ classe n.° 164, d'Angers à Brest), que nous nommons la route de Nantes. J'en ai vu, avant qu'on eût refait la route jusqu'au fond, un très-beau fragment, vis-à-vis le jardin de la Goupillais, jardin dans lequel on a trouvé récemment une quantité considérable de débris romains, briques, tuiles à rebords, poteries, murailles, etc. En descendant au pont de Courjon, et de ce pont au village de la Maczonnais, la route moderne était tracée sur la voie, dont on reconnaissait facilement les morceaux épars à leur solide empierrement en cailloux de quartz roulés, morceaux qui s'étaient conservés malgré les ornières profondes qu'un passage de voitures, continué pendant tant de siècles, avait fini par creuser entre eux. Aujourd'hui tout a disparu sous une fort belle route.

Le tracé de la grande route sur la voie cessait à la Maczonnais. Celle-ci traversait ce village, où la couche des cailloux roulés s'était maintenue et peut encore se dis-

tinguer ; puis elle passait entre les maisons et le pressoir de la Tourotais, suivait au midi et parallèlement le chemin de Blain à Coéaux, pendant deux ou trois cents mètres, dans la petite lande de Belrun actuellement close et défrichée ; et, formant une courbe légère vers le N.-E., elle allait traverser les bois de Coéaux, entre ce village et celui de la Mainsonnière. La voie, fort apparente dans la lande de Belrun et ayant conservé son agger et même une partie de ses contre-fossés, entre lesquels elle a 93 pieds de largeur, devient plus difficile à suivre dans les bois de Coéaux ; mais le point où elle en sort en franchissant le fort affluent de la rivière d'Isac venant du Gâvre, est fort aisé à distinguer. Le bord de ce ruisseau étant assez escarpé, il a fallu, pour faciliter le passage de la voie, échancrer fortement ce coteau, et l'échancrure subsiste, à peu près comme si elle venait d'être faite. On ne peut dire si on passait le ruisseau à gué ou sur un pont. Des vieillards m'ont assuré avoir vu dans cet endroit des restes de charpente qu'ils prenaient pour ceux du pont. Ce qu'il y a de vrai, c'est que, depuis plusieurs siècles, il n'a existé là aucun chemin ; mais il faut dire aussi que les terres provenant de la tranchée dans le coteau ont servi à élever, dans le lit marécageux du ruisseau, une sorte de chaussée de 80 à 100 pieds de longueur et de 7 à 8 pieds de hauteur, qui a pu servir de culée de pont. Elle a, comme la voie et l'échancrure, une soixantaine de pieds de largeur.

Au-delà du ruisseau, on reconnaît le sillon ou agger de la voie dans les prairies à l'E. du village de la Mercerais, au sortir desquelles elle passe sous une petite chaumière, bâtie, il y a une vingtaine d'années, sur son empierrement. De là elle traverse le *pastis* de la Mercerais, et devient le

chemin public rural qui conduit aux landes du Foué. Ces
landes immenses, où se trouvent les limites communes
des paroisses de Blain, Vay et Puceul, sont traversées par la
voie dans la majeure partie de leur largeur. Aussi y est-elle
fort connue sous le nom de la *Chaussée du Foué*. C'est ainsi
qu'elle est désignée dans un titre d'afféagement de 1679,
où elle est prise pour débornement du terrain afféagé. C'est
dans les mêmes landes, un peu au-delà de la Relandière,
que la voie commence une longue courbe qui la porte à
peu près à l'E., direction qu'elle a conservée dans tout le
parcours où je l'ai suivie. Le chemin rural dont j'ai parlé, continue sur la voie pendant au moins trois quarts
de lieue, et prend, près de la fontaine Preslan, une autre
direction. Là, la voie traverse quelques enclos, et, en en
sortant, elle se développe sur la lande de *Clan-Garan*,
dans laquelle elle sert de limite entre les paroisses de Vay
et de Puceul. J'ai pu, dans cette lande, où la voie a conservé sa forme première, m'assurer qu'entre ses contre-
fossés elle n'a pas moins de 70 à 80 pieds de largeur,
sur lesquels l'agger en prend de 36 à 40, ce qui fait une
notable différence avec les autres voies que j'ai observées,
dont l'agger n'a guère plus de 20 à 25 pieds. Cette grande
largeur que je n'ai retrouvée que sur la voie de Blain à
Port-Navalo (V. ma *Notice sur les voies Rom. du Morbih.*
1841, p. 83), m'a fait croire que cette voie et celle dont
je m'occupe, étaient la continuation l'une de l'autre, et que
cette ligne, allant d'un port de la Bretagne armorique
vers Angers, devait former une de ces grandes voies militaires dites *viæ consulares* ou *imperiales*, qu'il est surprenant de ne retrouver ni dans l'itinéraire d'Antonin ni
dans la carte de Peutinger.

A deux kilomètres au N. du point où nous sommes parvenus, on m'a signalé, près de la maison du Souchay, en la paroisse de Vay, un camp avec retranchements en terre et fossés profonds et larges. Je ne l'ai point vu, mais comme il est assez rapproché de la voie pour être en rapport avec elle, j'en fais note pour qu'il soit examiné plus tard par moi ou par d'autres.

Ce qui m'a fait croire que la voie, depuis la fontaine Preslan, servait de limite aux communes de Vay et de Puceul, c'est qu'elle va passer, en sortant de la lande de Clan-Garan, entre les villages du Fayet ou Foyer en Vay, et l'hôtel Ferrand en Puceul. Elle ne laisse le Fayet qu'à quelques centaines de mètres au nord, puis traverse le bout septentrional du bois de Bot-Allard, et coupe aussitôt la grande route de Nantes à Rennes, à peu près à angle droit.

A trois quarts de lieue au nord de ce point, et près du bord oriental de la même grande route, est le village du *Chastellier*, donc le nom significatif mérite d'être annoté, quoique je n'aie pas vérifié s'il s'y trouvait des restes de fortifications.

Aussitôt après ce croisement, la voie arrive au village de la Menerais en Puceul, puis va passer au midi et à une demi-lieue de ce bourg, près d'un moulin à vent qui n'est pas marqué sur la carte de Cassini, et, après avoir servi de chemin rural pendant encore un quart de lieue, elle entre dans un pré, puis dans la gagnerie de la Censive, qui touche le village d'Augrain, en la commune de Saffré. Elle traverse ce village et deux ruisseaux qui s'y réunissent, monte au village de la Broussauderie, descend dans des prairies qui sont au-dessous, et franchit

la rivière d'Isar , à 5 ou 600 mètres au nord du bourg de
Saffré.

Il est fait mention , pour la première fois, de la paroisse
de Saffré , en 1123 , dans la charte par laquelle Louis-
le-Gros confirme l'église de Nantes dans tous ses biens ,
à la prière de l'évêque Brice. Elle y est nommée *Saffria-
cum.* A un demi-quart de lieue au midi du bourg ,
dans une plaine à peu de distance de la rivière d'Isar, qui
n'est encore là qu'un ruisseau , se trouve le château de
Saffré , entouré de douves remplies d'eau , mais qui ne
paraît pas avoir été autre chose qu'une maison fortifiée
contre un simple coup de main. Ce château fut jadis la
résidence des seigneurs de Saffré , qui portaient pour
armes : *de sable à trois croix recroisetées au pied o fiché
d'or 2 et 1 , accompagnées d'un orle de même* (Leborgne).
Cette maison de très-ancienne chevalerie , connue comme
telle par preuves historiques, dès le XIV.ᵉ siècle (V. D.
Morice , pr. ij. 102. 203. 204. 447.), existe encore en
Basse-Bretagne et en Normandie , dans la descendance
d'une branche cadette. La branche aînée, qui s'était alliée
aux illustres maisons de Laval et de Chabot , tomba en
quenouille , dans la personne de Jeanne de Saffré , dame
de Saffré , qui porta cette terre dans la maison des Tournemine , barons de la Hunaudaye , en épousant , vers
1416 , Jean Tournemine.

Après avoir traversé l'Isar, la voie va passer à peu de
distance et au N. d'un moulin à vent nommé le *Grand
Moulin*, puis entre peu après dans la forêt de Saffré. Elle
est très-apparente sur la lande en deçà et au-delà de ce
moulin.

Ogée, *Dict. de Bret.*, *art.* Saffré, parle des ruines d'un édifice qu'on voyait dans la forêt de Saffré, et qu'on disait être le *Château du fief Robert.* Il est à regretter que cet emplacement n'ait pas été exploré. On y eût peut-être rencontré des restes de retranchements.

En sortant de la forêt de Saffré, la voie va passer tout près et au nord du village de la Haye-de-Tilly et de la chapelle de N.-D. des Langueurs, placée dans une lande, au point culminant où se séparent les eaux qui affluent dans l'Isar, et celles qui se rendent dans l'Erdre. Cette chapelle, dont l'architecture est loin d'être remarquable, est célèbre, dans le pays, par les nombreux pèlerinages qu'on y fait pour toutes sortes de maladies, ainsi que l'indique son nom. Ces pèlerinages prouvent que la sanctification de ce lieu remonte à une haute antiquité, et je ferai remarquer à ce sujet qu'un grand nombre de nos plus vieilles chapelles rustiques se rencontrent sur les voies romaines. C'étaient tantôt des hermitages, tantôt des aumôneries, où les voyageurs trouvaient un lieu de repos, dans les siècles où les auberges n'étaient pas encore connues, surtout dans les campagnes. On dit la messe dans la chapelle de N.-D. des Langueurs la veille du dimanche des Rameaux, et ce jour-là il y a affluence de pèlerins.

De la chapelle des Langueurs, la voie va, à travers diverses pièces nouvellement encloses sur la lande, franchir le ruisseau qui sort de l'ancien étang de Vioreau ; puis, laissant au nord la forêt du même nom, et au midi les villages de la Bouchetière et de la Haye, elle coupe à angle droit la grande route royale de Nantes à Chasteaubriant, et arrive à l'étang du Pas-au-Chevreuil, sous les villages de Hauts-Bois et de la Brigatière.

Dans ce parcours de huit kilomètres, depuis la Haye-de-Tilly, qui est en la paroisse de Joué, la voie sert de limite entre cette paroisse et celles d'Abbaretz et de Melleray, passant à la distance égale de trois kilomètres du clocher de Melleray au nord et de celui de Joué au midi.

L'étang et la forêt de Vioreau, enclavés dans la paroisse de Melleray, ont pris leur nom d'un ancien château fort, qui était situé tout auprès et à l'E. de la chaussée de l'étang. Voici ce qu'en dit Ogée, qui en a parlé le premier (*Dict. de Bret., art.* Melleray) :

« Le château de Vioreau, maison seigneuriale, était
» situé à l'entrée de la forêt, sur le bord d'un petit ruis-
» seau. Il n'en paraît plus d'autres vestiges qu'une très-
» belle cave, creusée dans le roc. Les habitants pré-
» tendent, fondés sur je ne sais quel motif, qu'il y a
» des trésors cachés dans la prairie qui s'étend aujour-
» d'hui dans l'endroit où était placé ce château. Une dou-
» zaine d'entre eux entreprirent, en 1774, d'y faire des
» recherches, et travaillèrent pendant plusieurs nuits; mais
» le dessein fut découvert, et l'on envoya, de Château-
» briant, deux cavaliers de maréchaussée, qui empêchèrent
» d'en poursuivre l'inutile exécution. »

Ce château, dont je n'ai retrouvé le nom dans aucune de nos chartes bretonnes, avait ce qu'on nommait autrefois droit de menée au présidial de Nantes. « La menée, dans
» son origine, dit Ogée (*ibid.,* art. *Sené*) d'après notre
» savant jurisconsulte Pierre Hevin, qu'il a le très-grand
» tort de ne pas citer, n'était autre chose que l'obligation
» que s'imposait celui qui recevait une seigneurie féodée,
» de se trouver, avec tous ses vassaux, auprès du seigneur,

» lorsqu'il l'exigerait, sous certaines peines contre les dé-
» linquants. Cette obligation de *mener* ses vassaux à son
» seigneur, d'où est venu le mot de *menée*, ne se pra-
» tiqua d'abord que pour le service militaire, et ce ne
» fut que longtemps après qu'elle fut traduite à la jus-
» tice. Les grands vassaux ayant obtenu le droit de tenir
» trois ou quatre fois par an leurs plaids généraux ou
» grands jours de leurs jurisdictions, ils obligèrent leurs
» vassaux de s'y trouver, et d'y mener leurs hommes, avec
» défense à quiconque de s'en absenter sans congé du
» seigneur supérieur. »

Cette menée comprenait 80 paroisses, formant la partie
N.-E. du diocèse de Nantes, et que délimitait à l'O. une
ligne tirée de Nantes à la Vilaine, en renfermant dans la
menée les paroisses de la Chapelle-sur-Erdre, Sucé,
Grand-Champ, Héric, Fay, Bouvron, Quilly, Saint-Gil-
das-des-Bois, Guenrouet, Fégréac et Avessac dont Saint-
Nicolas-de-Redon était alors la trêve; au nord l'ancienne
limite du diocèse; à l'E. la province d'Anjou, et au midi
la Loire. Camoil, petite paroisse du comté nantais, actuellement du Morbihan, et fort éloignée du territoire de
la menée de Vioreau, en dépendait, je ne sais pourquoi.

Il y avait cinq autres menées dans le diocèse : la Roche-
Bernard, l'Outreloire, Couëron, Retz et Nantes. Chacune
avait un jour de la semaine qui lui était assigné : la menée de Vioreau se devait faire le lundi.

J'ignore ce qui peut avoir donné lieu au choix de ces
sortes de chefs-lieux pour la menée des paroisses, et je
ne m'explique pas spécialement ce qui a pu valoir au
petit château de Vioreau et à sa modeste seigneurie de

donner son nom à la menée la plus considérable du comté de Nantes.

A défaut de renseignements plus positifs, je rapporterai une tradition très-répandue dans les campagnes voisines, sur un ancien seigneur de Vioreau et sur sa femme.

Cette dame, qui paraît avoir eu des idées fort avancées pour son siècle, voulut un beau jour se défaire de son mari. Elle mit du poison dans sa soupe; mais un jeune marmiton nommé *Francholais*, parce qu'il était natif du village de Franchaud, en la paroisse de Joué, s'aperçut de la scélératesse; il prévient son maître, qui donne la soupe à un chien, et le pauvre animal crève aussitôt. La dame, furieuse, envoie en secret le marmiton à Nantes, pour le faire pendre. Mais le seigneur de Vioreau court après, en criant: Ne pendez pas Francholais, que le prince de Vioreau n'y *set* (soit). Il arrive à temps pour sauver son bon petit serviteur, à qui il accorda, sur sa demande, l'affranchissement de tous droits féodaux de son village de Franchaud. Quant à la dame, elle fut punie de la manière la plus singulière; son mari la mena au château de Blain, et là, dans la grande salle ducale qui existe encore, on la fit danser jusqu'à sueur complète, puis on la fit asseoir tout à nu sur les dalles humides. Elle gagna un rhume, mourut et fut enterrée dans le chœur de l'église de Joué.

Je demande pardon de cette trop longue digression; mais, tout en m'occupant de la géographie ancienne de notre province, j'aime assez y joindre quelques observations sur les antiquités du moyen âge, que je trouve sous ma main; antiquités qui ne sont pas toujours sans quelque connexion avec l'époque gallo-romaine.

Je reviens à la voie et je la reprends à cet étang du Pas-au-Chevreuil dont j'ai parlé plus haut.

C'est aujourd'hui, et depuis une vingtaine d'années, un étang desséché et converti, par les trappistes de l'abbaye de Melleray, en prairies et en terres labourables. Il faisait autrefois fonctionner un haut fourneau. On venait de le mettre à sec, lors d'une visite que je fis à ces religieux, qui nous stupéfient par leur vie austère, et causent à notre mondanité une inexprimable surprise. Le R. P. Antoine eut l'extrême complaisance de me guider sur les parties du terrain où il faisait exécuter de grands travaux, et, sachant que je m'occupais de recherches sur les voies romaines, il me conduisit dans cet étang du Pas-au-Chevreuil, et, à cent pas de la chaussée, à l'intérieur, il me fit remarquer un énorme sillon de rocailles, qui traversait l'étang dans toute sa largeur et était aussi fort apparent sur les deux rives. C'était un très-beau fragment de la voie, qui, pendant bien des siècles, a été submergé par les eaux de l'étang, dans sa partie la plus profonde, et, en le retrouvant à une si petite distance en amont de la chaussée, on ne s'explique pas bien pourquoi on n'a pas placé cette chaussée sur une base aussi solide, et qui était déjà élevée de presque deux mètres au-dessus du fond du ruisseau, qui passait en cet endroit. J'ai déjà fait remarquer un exemple analogue sur la voie de Vennes à Corseul : près de Jugon, elle est encore noyée dans le grand étang qu'elle traverse.

J'ai nommé l'abbaye de Melleray. Je ne puis en passer si près sans faire observer qu'elle doit être comptée parmi les nombreuses abbayes du XII.ᵉ siècle qui ont été placées dans le voisinage très-rapproché des voies romaines. Elle se trouve, en effet, avoir été construite à moins de 2 kilomètres de celle que nous parcourons. Voici ce que raconte le cartulaire de Melleray sur l'établissement de cette maison religieuse. Foulques, abbé de Pontron, *Pontis otranni*, en Anjou, envoya en Bretagne deux de ses moines, pour chercher un lieu propre à fonder une succursale de son abbaye. Après bien des courses dans la province, ils arrivèrent à Auverné et reçurent l'hospitalité chez le prêtre Rivalon, qui leur indiqua le vieux Melleray, *vetus Melereium*, et qui les y conduisit. Là, dit la chronique, rendant beaucoup de grâces à Dieu pour la douce solitude de l'hermitage, la large opacité de la forêt éloignée du bruit des choses du siècle, ils commencèrent à curieusement contempler et à admirer. *Ibique multas gratias agentes Deo pro venustâ heremi solitudine, largam opacitatem nemoris à strepitu remotam sæcularium, ceperunt curiosius contemplare et mirari.* Aussitôt ils allèrent trouver le seigneur du lieu, Alain de Moisdon, qui leur concéda l'emplacement désiré; avec la terre adjacente et la forêt. Ils n'y furent pas longtemps oisifs. Toujours prompts au travail, dit encore la chronique, et occupés à l'œuvre des mains, sachant bien que *rien dans cette vie n'est donné aux mortels sans grand travail*, ils ne cessaient, de hache et de cognée, d'abattre des bois dans la forêt, de remettre en ordre ce qui était dégradé, d'aplanir les chemins raboteux, d'acquérir des terres à la ronde, de cultiver ces acquisitions, d'étendre au loin leurs possessions. *Nec otiosa fuit longa ibi demorantium conversatio. Semper prompti ad laborem et in opere manuum occupati scientes qui a nichil sine magno labore vita dedit mortalibus, non cessabant in securi et ascià dejicere silvam lignorum, prava facere in directa, et aspera in vias planas, terras per gyrum adquirere, excolere adquisitas, locum possessionibus dilatàre.* Ces travaux continuèrent pendant une dizaine d'années; et, en 1142, Foulques envoya à Melleray un couvent de moines, *conventum monachorum*, sous la conduite de l'abbé Guitern. Ce fût alors que l'on commença à construire le monastère et à jeter les premiers fondements de l'église. Les moines ne cessaient, ajoute la chronique, d'édifier et de planter, de cultiver les champs, de composer des jardins, de changer les ruisseaux en étangs, de fabriquer des maisons, d'accroître de jour en jour et de multiplier leurs possessions. *Nec cessabant edificare et plantare, colere agros, hortos componere, facere rivos in stagna aquarum, fabricare domos, crescere in dies et possessiones multiplicare.* C'est tout à fait ce que nous avons vu, en 1816, quand un nouveau couvent de moines travailleurs y fut amené par le R. P. Antoine. J'ai cru à propos de faire connaître, *sur pièces authentiques*, la manière dont s'établissaient, au moyen âge, ces monastères si diversement jugés dans nos temps modernes.

L'église de l'abbaye, probablement commencée vers 1142, resta longtemps en construction, et ne fut achevée et dédiée qu'en 1183. La cérémonie fut faite par Robert, évêque diocésain, et Guihenoc, évêque de Vennes. Cette église existe encore; elle était entièrement du genre roman, ce qui est assez singulier pour une construction de la dernière moitié du XII.ᵉ siècle. Les prétendues ré-

parations que les trappistes y ont fait faire, ont entière=
ment gâté cette jolie église.

Les limites du terrain cédé par Alain de Moisdon à l'abbaye sont données dans le cartulaire que j'ai déjà cité, et
dont voici le texte : *Et he sunt mete callis scilicet fontis de
Tufeaus, et chiminus Bernardi et divisio Avernei et feo-
dus Guihenoc.* Ce que je traduis ainsi : Le sentier de la
fontaine de Tufeaus, le chemin Bernard, la paroisse d'Auverné et le fief Guihenoc.

De ces quatre débornements on ne reconnaît bien que
la paroisse d'Auverné, qui est au nord de l'abbaye. Quelques personnes du pays pourraient retrouver la fontaine
de Tufeaus. Je conjecture que le fief Guihenoc devait être
à l'E., vers la forêt d'Ancenis, et appartenir aux seigneurs de cette puissante maison, dont quelques-uns ont
porté le nom de Guihenoc. Quant au *chemin Bernard*, je
suppose qu'il servait de limite au midi, et qu'il n'était autre que la voie romaine, que nous avons trouvée dans l'é-
tang du Pas-au-Chevreuil. Bien avant le XII.e siècle, les
voies étaient prises pour débornement des paroisses. Il ne
doit pas paraître surprenant que celle-ci ait servi à déli-
miter un simple domaine. Nous retrouvons ce même *chemin Bernard* dans une donation faite à l'abbaye vers 1150,
par Payen de Maidon, *Paganus de Maidon dedit mona-
chis de Melereio quidquid habebat ultrà* CHEMINUM BER-
NARDI *usque ad fileriam de Daille.* (D. Mor., pr. 1. 609.)
Je ne sais ce qu'on entendait par le mot *fileria*. Les bénédictins bretons, dans le petit glossaire joint aux *preuves*,
le traduisent par *filière, défilé, débouchement ;* mais je
doute de l'exactitude de cette explication. Je ne connais

aucune localité voisine de Melleray qui porte le nom de *Daille* ou *Daillé*.

Au-delà de l'étang du Pas-au-Chevreuil, les renseignements sur la direction de la voie me manquent presque entièrement. M. Vaugiraud, docteur-médecin à Nort, m'a seulement donné pour constant qu'elle allait passer à une lieue de là, vers le manoir de la Minaudière, entre les étangs de la Provotière et de la Poitevinière, ce qui nous porte à croire que dans ce parcours elle passe au nord du manoir de l'Isle et très-près du château de la Meilleraye, d'où elle longe, par le village de la Gibonnière, la rive droite de l'étang de la Provotière; vers la queue duquel elle franchit le petit ruisseau qui alimente cet étang, en lui portant les eaux supérieures de l'étang de la Poitevinière, situé dans la partie méridionale de la forêt d'Ancenis.

Au levant du village de la Minaudière, la voie doit raser la partie de cette forêt placée sur la rive gauche de ce dernier étang, et entrer, vers le village de l'Enclos, dans la portion de la même forêt nommée, sur la carte de Cassini, *Bois des Renardières*, qu'elle doit traverser pour aller passer très-près et au N. du bourg de Bonnœuvre.

La ligne que je suppose être suivie par la voie, depuis la Minaudière, laisse, à 3 kilomètres vers le N., la *Butte du Trésor*, située sur le territoire de la paroisse d'Auverné, et dont Ogée a fait mention; voici ce qu'il en dit : « A une lieue un quart au sud-est de cette paroisse, est » une butte de terre fort haute qu'on appelle la Butte du » Trésor, sur laquelle on voit des vestiges de retranche- » ments, *qui continuent sans interruption depuis les en-*

» *virons de Nozay jusqu'à Saint-Mars-la-Jaillé; ce qui*
» *fait une étendue de sept lieues.* Ces retranchements pa-
» raissent avoir été faits du temps des Romains *ou des*
» *premiers rois de Bretagne.* Il y a apparence que le nom
» de cette butte vient de l'opinion qu'ont les habitants
» de la campagne qu'elle renferme un trésor. Plusieurs y
» ont fait des recherches inutiles. »

J'ai souligné dans cet extrait deux passages dont l'exactitude me paraît extrèmement douteuse. Cette ligne de retranchements *depuis Nozay jusqu'à Saint-Mars-la-Jaillé*, n'a été reconnue par personne, et l'attribuer *aux anciens rois de Bretagne* est une opinion au-dessous de la critique, pour tous ceux qui ont un peu étudié la stratégie du moyen âge.

Quoi qu'il en soit, cette *Butte du Trésor* existe, et elle est accompagnée de retranchements : or, ces retranchements indiquent un ouvrage de fortification et annoncent l'un de ces grands travaux que les Romains seuls savaient et pouvaient exécuter. Il serait donc du plus grand intérêt archéologique d'explorer cette butte et d'en lever le plan. Son nom, comme le dit Ogée, rappelle une tradition de trésors enfouis, que j'ai trouvée attachée à un grand nombre de camps romains, et celui-ci, placé sur une élévation, à une faible distance de la voie, est d'autant plus digne de notre attention qu'il me paraît plus en rapport direct avec elle.

Il est un autre monument dont Ogée parle aussi (art. *Riaillé*), et qui doit se trouver dans le voisinage de la voie. C'est une vieille chapelle dédiée à Saint-Laurent, et dont les ruines se trouvent à l'un des bouts de la forêt d'Ance-

Au-delà de cette localité, je perds le fil conducteur qui m'y a amené avec une grande apparence de certitude. J'avais pensé d'abord que la voie se dirigeait sur Candé; mais en examinant attentivement sa direction depuis l'étang du Pas-au-Chevreuil à la Minaudière, et de la Minaudière à Bonœuvre et Saint-Mard-la-Jaille, j'observe que la ligne incline un peu au midi, et qu'il n'est pas à présumer que pour se rendre à Angers la voie se relève à plus d'une lieue de rayon vers le nord, pour aller passer à Candé. Ayant au contraire tiré, sur la carte de Cassini, une ligne droite de Saint-Mard-la-Jaille à Angers, j'ai vu qu'elle coupait la route stratégique d'Ancenis à Candé, près de la maison de la Fremonderie, en la paroisse de Freigné; le chemin de grande communication de Varades à Candé, près du moulin à vent du Saulay; passait directement au bourg de la Cornouaille, puis à l'abbaye de Pontron, cette mère de l'abbaye de Melleray, ainsi que nous l'avons vu précédemment. De là, traversant les landes de Becon, en laissant le vieux bourg de ce nom, à moins d'un kilomètre au nord, elle va couper par un angle très-aigu la grande route de Candé à Angers, près de la maison de la Davière; passe tout près d'un village nommé la *Chaussée*, puis au bourg de Saint-Lambert de la Poterie, puis, laissant à quelques centaines de mètres au midi le bourg de Beau-Couzé, elle arrive à Angers par la route de Nantes. La direction de cette ligne par l'abbaye de Pontron, lui donne à mon avis un certain degré de probabilité, et je serais fort aise de voir exécuter sur tout ce développement, des recherches dont le résultat intéresserait peut-être vivement la science archéologique.

VOIE ROMAINE

DE BLAIN A RENNES,

PAR M. BIZEUL.

Cette voie sortait de Blain par la rue de l'Ormaie et le chemin du Gavre, qu'elle suivait pendant une centaine de mètres, puis entrait dans une pièce de terre nommée les *Grandes-Vignes*, à l'est du même chemin, continuant de le suivre bord à bord, et conservant, malgré la culture, une convexité assez apparente. C'est ainsi qu'elle gravissait le coteau, et arrivait à un moulin fort ancien, qui a été construit sur la voie, et nommé le *grand moulin de Gallais*. De ce moulin jusqu'à un autre récemment bâti, et nommé le *moulin Maillard*, la voie continue la parallèle, à l'est, avec le chemin du Gavre, sans le toucher précisément, mais aussi sans s'en éloigner beaucoup. On en retrouve les vestiges fort apparents dans toutes les pièces à l'est du chemin, sous la forme d'un gros sillon d'une vingtaine de pieds de largeur et d'un mètre d'épaisseur, sillon que n'a pu faire disparaître une culture variée et continuelle. C'est l'*agger* de la voie ; il est formé à sa base de grosses pierres dont la majeure partie est une sorte de poudingue composé de cailloux roulés de quartz réunis par un gluten ferrugineux, commun dans le pays et connu sous le nom de *renard*. Cette couche de pierre est recouverte d'une argile à briques fortement conroyée et posée à un pied d'épaisseur ; enfin, sur cette argile est une autre couche de cailloux roulés de quartz, dont on trouve d'immenses dépôts dans le voisinage. Cette couche, qui formait la croûte supérieure de la voie, a perdu beaucoup de son épaisseur ; mais on peut juger, par quelques parties le mieux conservées, que cette épaisseur n'était pas moindre d'un pied à quinze pouces.

Avant d'arriver au moulin Maillard, la voie disparaît au passage d'un petit ruisseau nommé de l'*Emion* ; mais, en remontant le coteau, elle reprend toute sa beauté. Dans un acte de vente du 23 février 1751, elle sert de débornement à un morceau de lande vague, situé sur ce coteau, nommé *Haute-Rive*, et est désignée sous le nom de *vieille chaussée conduisant du château de Blain au Gavre*. Elle est, dans cette partie, tellement empierrée, que, quoique enclavée dans diverses pièces nouvellement défrichées, les laboureurs ont dû renoncer à l'entamer, dans la crainte de briser leurs charrues.

Le moulin Maillard est situé dans la commune de Vay, à peu près au point séparatif de cette commune et de celles de Blain et du Gavre. A ce point, la voie commence à servir de ligne délimitative entre le Gavre et Vay, et cela jusqu'au village de l'Angléchais, que nous trouverons bientôt en arrivant au Gavre. A ce même point, elle se confond avec le chemin actuel de Blain au Gavre, dans lequel, malgré une ruine presque complète, on en retrouve encore quelques fragments. Elle passe au pied du vieux moulin du Gavre, qu'elle laisse à l'ouest, et bientôt elle disparaît dans un chemin rompu et creusé ; et c'est à grand'peine si un œil exercé peut, sous la haie occidentale de ce chemin et au bord des pièces de terre adjacentes, en reconnaître quelques débris. C'est ainsi qu'elle traverse le village de l'Angléchais, et arrive à la longue chaussée qui, tout à la fois, servait à former un étang autour du château du Gavre, et à livrer un passage, commandé par ce château, pour se rendre à la *ville et franchise* du même nom.

Quoique je n'aie trouvé au Gavre rien qui rappelle l'occupation romaine, si ce n'est le passage de la voie que je décris, je ne puis m'empêcher de dire un mot de ce château et de cette *ville et franchise*, qui, jusqu'à la fin du XV.ᵉ siècle, ont reçu quelque relief des personnages illustres entre les mains desquels est successivement passée cette seigneurie.

Une immense forêt, qui s'étendait depuis Nozay jusque près de Redon, couvrait autrefois la chaîne de collines qui sépare les eaux de l'Isar et du Don. La forêt royale du Gavre en est un reste. La plus ancienne mention qui en ait été faite, se trouve dans le titre de fondation de l'abbaye de Buzay, vers 1140, par le duc Conan III. Après avoir donné aux moines une partie de forêt, dans le pays de Retz, laquelle s'étendait depuis Paulx (*Spauldo*) jusqu'au Port-Saint-Père, le duc ajoute : *Largitus sum etiam de sylvá quæ* GAVRIUM *nominatur quantùm eis opus fuerit.*

Dans une déclaration de Jean II datée du *vendredi davant la Pentecouste l'an de grace mil dous cens quatre-vingt-seize* (1296), faite en faveur des habitants du Gavre, ce prince nous apprend que ce fut le comte Pierre de Dreux, dit Mauclerc, son aïeul, qui fonda la *ville* du Gavre; et comme ce titre ne se trouve en aucune de nos collections de chartes, je crois à propos d'en extraire ce qui concerne cette fondation, particularité historique qu'on chercherait vainement ailleurs. « A tous ceulx qui ces
» présentes lettres voiront et orront, Jehan, duc de Bre-
» taigne, conte de Richemont, salut en nostre Seigneur :
» Sachent tous que comme noz hommes demourans en nos-
» tre ville dou Gavre, disent eulx avoir aulcuns usaiges en
» nostre forest dou Gavre, par les donations que le conte
» Pierre, nostre ayeul, fist, comme ils disent, *quant il*
» *fonda la dicte ville dou Gavre*, et iceulx noz hommes,
» de leur bonne volente, se soient delaissez du tout en
» tout desdictz usaiges, et en avoient quitté à tous jours
» mez nous et noz hoirs et successeurs, sans jamez rede-
» mander en iceulx usaiges, nous, en recompensation
» de ce, avons delaissé esdictz noz hommes et a leurs
» successeurs, qui demourent et demoureront en nostre
» dicte ville dou Gavre, les choses qui suivent, c'est à savoir
» toutes les terres novelles sises entre le pont d'*In* (ou
» d'*Iff*) d'une part, et le *chemin qui va a Fougeray* d'au-
» tre part, desquelles terres iceulx hommes souloient payer
» cens chascun an a la Toussainctz, a tenir et avoir les ter-
» res a tous jours mez, lesdictz hommes et leurs suc-
» cesseurs, demourans en nostre dicte ville dou Gavre,
» comme leurs propres héritaiges. — Item, un breil de

» boys que l'on appelle les *Arpentz*, comme il se divise
» d'un sentier qui va du pont d'*In* droict au *Gué Sac*,
» et une lande davant le Chesne de la Messe, jusqu'au
» grand foussé qui va vers Mezpras et jusqu'a la terre
» Guillaume de la Grée..... Lesquelx terre, lande et breil
» dessus dictz lesdictz hommes et leurs successeurs, qui
» demourent et demoureront en nostre dicte ville du Ga-
» vre, tiendront et auront a tous jours mez, en la ma-
» nière qui est dicte par avant, franchement et quitte,
» sans en payer de cens ne aultre redevance ou servitude,
» et est a savoir que nous octroyons a tous noz hommes
» qui demourent et demoureront en nostre dicte ville dou
» Gavre, qu'ilz seront quittes et francz a tous jours mez,
» de tailles et chevaulchées, et de toutes coustumes et
» exactions, par toute nostre terre, en telle manière que
» chascun d'eulx rendra a nous et a noz hoirs, pour sa
» maison qu'il aura en la dicte ville dou Gavre, chascun
» an, a la decollation sainct Jehan-Baptiste, cinq souldz
» de monnoie courante de cens pour la place et terres,
» et s'ilz en avoient plus ou moins, ilz en paeront la va-
» leur, selon la quantité de la place qu'ilz tiendront. —
» Item, leur octroyons a noz dictz hommes que nul d'i-
» ceulx ne ira a nostre ost jusqu'a l'arriéré ban, etc. »

L'acte de la fondation rappelée ci-dessus n'a pas été
conservé, mais on peut croire qu'il était conçu dans les
mêmes termes que celui de la fondation de Saint-Aubin
du Cormier, due au même duc Pierre de Dreux, daté de
1225 (V. *Hist. de Bret.*, *D. Mor.*, pr. 1. 854). C'était,
comme au Gavre, un château bâti dans une forêt, et autour duquel on voulait, par des priviléges, attirer de nom-

breux habitants. Voici quelques dispositions de cette dernière charte, qui se retrouvent presque mot à mot dans celle de Jean II. « Omnibus hominibus manentibus apud
» S. Albinum, quoddam castrum novum situm in foresta
» nostra Rhedonensi concedimus, et hac presenti carta
» nostra confirmamus quod ipsi omnem libertatem ha-
» beant, et quod ipsi de tallia et cavalchis et omni con-
» suetudine et exactione liberi sint et immunes, in hunc
» modum quod unus quisque qui in loco prænominato
» manserit, nobis et hæredibus nostris annuatim, in na-
» tali Domini, V solidos usualis monetæ pro mansione
» suâ reddere teneatur censuales, excepto tamen hoc quod
» quoties cumque nobis necesse fuerit, nobiscum ibunt
» in exercitu nostro. Concedimus etiam dictis hominibus
» quod in tota foresta nostra Rhedonensi, extra brolia,
» communem pasturam habeant et licentiam et nemus
» mortuum, etc. »

Ce fut donc au commencement du XIII.ᵉ siècle que le château du Gavre fut bâti par Pierre de Dreux. C'était un grand corps de logis de 234 pieds de long du midi au nord, armé de six tours, placées symétriquement aux quatre coins et au milieu, avec pont-levis au bout du midi et à celui du nord.

Déjà ruiné et ne conservant plus que des murailles sans charpente, lors de la réformation du domaine du roi, en 1678, ce château a, depuis lors, été exploité comme une carrière, tellement et si bien qu'il n'en reste plus aujourd'hui que d'informes amas de sable de démolition qu'on aperçoit sur la gauche, en arrivant à la longue chaussée qui conduit du village de l'Angleschais à la *ville* du Gavre.

Cette chaussée, qui, avant la construction du château du Gavre, était destinée à faire franchir à la voie romaine le ruisseau marécageux sortant de la forêt, dut être exhaussée pour former l'étang qui entourait le château et lui servait de défense; car il est à remarquer que cette forteresse était située dans le marais même, à un jet de pierre de la chaussée, qui en suivait parallèlement les murailles.

La *ville* (1) du Gavre est une bourgade dont les maisons sont placées de chaque côté d'une rue large et assez longue, dans laquelle il est difficile de reconnaître la voie. C'était cependant sa véritable direction; et en la suivant, au sortir de la ville, près de la maison de la *Chaussée*, nous allons en retrouver les vestiges les plus certains.

Je m'écarterais de mon sujet en m'étendant davantage sur l'histoire du Gavre. Ce sera l'objet d'un travail particulier. Je rappellerai seulement que cette terre, ayant toujours appartenu aux ducs de Bretagne, fut donnée par Jean IV, après la bataille d'Auray, au capitaine anglais, Jean Chandos, qui avait si puissamment contribué au gain de cette bataille. Olivier de Clisson, qui y avait perdu un œil, en combattant pour le même prince, croyait avoir d'autant plus de droits à cette riche récompense, qu'il possédait la terre de Blain, à une lieue du Gavre, et que celle-ci lui convenait beaucoup. *Je donne au diable,* s'écria-t-il devant le duc, *si jà Anglais sera mon voisin;*

---

(1) Les habitants se servent constamment du mot *ville* quand ils parlent du Gavre.

puis il alla brûler le château, et finit par s'emparer de la terre. Elle revint au duc Jean V, après la mort du connétable, et fut donnée à Arthur de Richemont en 1422. Cet autre illustre connétable, qui devint duc de Bretagne après la mort de tous les fils de Jean V, demeura plusieurs années au Gavre, fit réparer le château et construire les chaussées de plusieurs autres étangs qui entouraient, pour ainsi dire, la bourgade du Gavre. Au moyen de ces étangs et d'une coupure large et profonde nommée la *Douve*, située à l'ouest et au bout de la *rue Basse*, on ne pouvait entrer dans la *ville* que par trois endroits. On serait, d'après cela, tenté de croire que le Gavre et son château devraient remonter bien au-delà du XIII.ᵉ siècle, et que cette position fortifiée aurait quelque rapport avec la voie romaine qui la traverse. Mais un examen très-attentif des lieux et l'absence absolue de tout débris romain, dans cette localité, m'ont convaincu du contraire.

A la sortie du Gavre, et près d'un ancien manoir nommé la *Chaussée*, on trouve, comme je viens de le dire, les vestiges les plus apparents de la voie; c'est-à-dire, une épaisse stratification de cailloux roulés de quartz, formant un *agger* encore convexe. Ces vestiges se font remarquer et suivre aisément, puisqu'ils servent encore de chemin public, qui est le *chemin de Fougeray* mentionné dans la charte de Jean II, depuis un petit ruisseau dont le passage entre le Gavre et la maison de la *Chaussée* porte le nom de *Pont au Prince*, jusque au-delà du village des Rottis. A l'est et près de ce village, la voie, en descendant vers le ruisseau sortant de l'étang de Clégreuc, est, dans une longueur de plus de 300 mètres, de la plus parfaite conservation. Elle a 24 mètres de largeur entre ses deux contre-fossés ou berges, qui en ont eux-mêmes 3 sur 1 d'élévation.

Au village des Rottis, on remarque, sur le bord occidental de la voie, une toute petite chapelle de la plus simple architecture. Reconstruite probablement bien des fois, cette pieuse fondation doit, quant à son emplacement, remonter à une assez haute antiquité.

Après avoir traversé le ruisseau, la voie passe à quelques cents mètres à l'est des villages des haut et bas Luc, se dirigeant toujours au nord et laissant le bourg de Vay à 3[4 de lieue à l'est. On ne la retrouve en cet endroit que dans un méchant petit chemin, très-étroit et très-dégradé, nommé le chemin de *Poibel*. Le fond de ce chemin est assez solide en beaucoup de parties, parce qu'il a été établi sur l'agger même de la voie, dont on reconnaît facilement deux beaux fragments. Le dernier se prolonge dans un pré à l'ouest du chemin actuel, puis passe dans un champ et dans une pâture qui joint la vaste lande du haut Luc. En entrant sur cette lande, par le chemin de Poybel, vous avez quitté la voie; mais, à quelques mètres à l'ouest, vous l'apercevez qui sort de cette pâture, coupe le chemin vicinal du haut Luc à Vay, et gravit le coteau au travers de broussailles nommées le bois du Tarot.

Elle arrive bientôt au coin oriental et méridional de la forêt du Gavre, dans laquelle elle entre, mais en suivant son bord oriental, dont le fossé a été établi sur le contre-fossé de la voie, qui se laisse apercevoir et distinguer facilement dans tous les endroits que le fourré du bois ne recouvre pas entièrement. C'est ainsi qu'elle atteint le bout septentrional de la forêt, après un parcours de plus de deux kilomètres.

Un peu avant de sortir de la forêt, la voie, continuant sa direction nord, ne suit plus le fossé de la forêt, qui incline à l'est; et, à 40 mètres vers l'ouest du coin oriental et septentrional de cette forêt, on retrouve la voie parfaitement marquée sur la lande de l'*Épine des Haies*, dont le village s'aperçoit à 2 ou 300 mètres à l'ouest; là encore elle a ses contre-fossés, et sa largeur de 24 mètres entre eux.

Nous avons vu que depuis le moulin Maillard jusqu'au village de l'Angleschais, la voie sert de limite aux paroisses du Gavre et de Vay. Ce débornement est interrompu près du château et dans la ville du Gavre, parce que, apparemment, le fondateur, Pierre de Dreux, aura voulu arrondir sa ville et aura pris sur la paroisse de Vay; mais la limite déterminée par la voie reprend, entre Vay et le Gavre, dès le *Pont au Prince* et la maison de la *Chaussée*, et ne cesse plus qu'au coin de forêt où nous sommes parvenus. Ce coin, connu sous le nom de l'*Homme-mort*, à l'occasion peut-être d'un meurtre qui y aura été commis, l'est aussi sous celui des *Quatre Contrées*, parce que quatre paroisses s'y joignent, savoir: le Gavre, Vay, Guémené-Penfao et Marsac. Deux très-petites bornes, placées au coin formé par les fossés de la forêt, indiquent seules le point conjonctif, qui, ne se trouvant plus sur la voie, a été évidemment déplacé. Il est à croire que ce point était autrefois marqué par une colonne milliaire; mais elle a disparu et il n'en est resté aucun souvenir. Je n'y ai pas même aperçu une croix, signe ordinaire d'une délimitation qu'on veut faire respecter et conserver pendant des siècles, et qui, en beaucoup de lieux, a remplacé les bornes itinéraires des Romains.

A un quart de lieue à l'ouest, est le village de la *Motte*, dont le nom indique presque toujours un tumulus, et souvent un camp.

Nous sommes arrivés au point culminant qui sépare les eaux des rivières du Don et de l'Isar. Après sa sortie de la forêt du Gavre, la voie traverse un petit ruisseau et gravit une côte assez rapide, du haut de laquelle la vue s'étend sur tout le vallon de Blain et sur un immense horizon. C'est là que les officiers d'état-major ont établi un observatoire pour l'exécution de la nouvelle carte de France. La voie y est encore parfaitement conservée, ainsi que dans la vaste lande qui s'étend entre les villages de Bastres en Guémené-Penfao, et la Bourdais en Marsac. Elle sert encore ici de limite entre ces deux communes jusqu'à la rivière du Don. A peu de distance au nord d'une simple croix d'ardoise, placée au milieu de la lande, là voie commence à descendre, et s'enfonce bientôt, par une pente très-rapide, dans le profond vallon où le village du Tahun, écrit *Tertre-ahun* par Cassini, est, pour ainsi dire, caché sous de nombreux pommiers dont la belle verdure, variée par l'éclat des fleurs de cet arbre si précieux pour la Bretagne, tranche de la manière la plus absolue avec les landes pierreuses qui entourent cette sorte d'oasis. La voie traverse la partie orientale du vallon, en laissant à 300 mètres à l'ouest le village du Tahun, monte le dernier coteau qui reste à franchir pour arriver au Don, et l'on remarque, à la déclivité du coteau vers cette rivière, une forte échancrure pratiquée dans le schiste ardoisin tabulaire, pour adoucir la pente. Au bas de cette échancrure, il est difficile de reconnaître la voie dans un chemin fortement raviné, et dans des terres cultivées ; mais, comme la distance est très-faible pour arriver au passage de *Pont-Veix*, sur la rivière du Don, on peut supposer que la voie s'y rendait en droite ligne.

A un kilomètre à l'ouest, se trouve, pour ainsi dire, perchée sur les rochers d'ardoise les plus pittoresques, la petite et modeste chapelle de Sainte-Anne ou du Lieu-Saint. C'est un but de fréquents pèlerinages et d'une assemblée fort nombreuse le 26 juillet, jour de la fête de la patronne. Elle est placée sur une pointe au pied de laquelle le Don reçoit l'un de ses plus petits affluents, très-profondément encaissé. C'est une très-forte position militaire, qu'il était inutile d'armer de retranchements. J'ai cru pourtant en apercevoir quelques restes, mais je n'ose rien affirmer. Sous ce monticule il existe une chaussée empierrée fort solidement, qui traverse la rivière du Don, et qui présente l'emplacement de deux arches. Cette chaussée se nomme le *Pont*, et elle a donné ce nom à une métairie entre laquelle et celle de la Bodinière, elle aboutit sur la rive droite. Une personne très-au fait de la localité, et dont je respecte infiniment la vaste érudition, M. le président du Porzou, avait cru que la voie passait sur ce pont. La vérification que j'ai faite de la direction des deux bouts de cette voie sur l'une et l'autre rive, m'a prouvé qu'aucun d'eux n'arrive à cet ancien pont.

A peu de distance de la chapelle du Lieu-Saint, sur la

pente d'un coteau très-rapide, est un rocher d'ardoise de 25 à 30 pieds de hauteur, ayant à peu près la forme d'une aiguille ou obélisque. C'est la *Pierre à la Joyance* ou *Jouvence*, et la *Joyance* est une fée qui, suivant la tradition, a fait faire la voie romaine se dirigeant du passage de Pont-Veix vers Chasteaubriant et le Maine, et dont je m'occuperai dans le chapitre suivant.

Ce passage de *Pont-Veix* qui se trouve placé précisément en ligne de la voie, est un barrage en pierre, jeté au travers de la rivière du Don, et qui sert de déversoir au moulin établi sous la rive droite. Il a environ 15 à 18 pieds de largeur, et est fait en forme de chaussée plate, qui offrirait un chemin assez commode, sans les continuelles dégradations occasionnées par les eaux d'hiver. On y passe presque en tout temps à cheval. Mais il serait fort dangereux, pour ne pas dire impossible, qu'une voiture s'y aventurât. Ce barrage est formé d'une énorme quantité de dalles de schiste ardoisin tabulaire, roche dans laquelle le Don s'est creusé un lit profond et angustié. Ces dalles ont été posées de champ, et quoique de nombreuses réparations aient probablement changé la forme de cette chaussée, on ne peut s'empêcher de lui assigner la même antiquité qu'à la voie qui y arrive, et dont elle formait, sans aucun doute, partie intégrante.

Ce nom de *Pont-Veix*, que nous prononçons Pont-*Vée* et que j'écris selon l'ancienne orthographe du pays, suivie par Cassini, a donné lieu à diverses conjectures étymologiques. Les uns y ont trouvé *Pons Veius*, sans pouvoir nous dire le pourquoi de cet adjectif nominal; les autres,

Pons Viæ, le pont dé la voie, à laquelle en effet cette chaussée submersible servait de pont. Je n'admets ni l'une ni l'autre de ces explications. Il y a, ce me semble, dans ce nom *Pont-Veix*, quelque chose de bas breton ; *veix* ou *vé* me paraît avoir quelque analogie avec le mot *gué*, dont le radical, adopté par les latins dans *vadum*, est certainement celtique. Le grand et le petit *vé* du Cotentin me paraissent de la même famille, et j'en conclus, sans rien affirmer toutefois, que *Pont-Veix* signifie le *Pont-Gué*, c'est-à-dire un gué factice, un gué servant de pont. Tout auprès de Pont-Veix, sur la rive droite du Don, se trouve le village de *Coet-Veix*, qu'on a aussi dit être le *bois* (coët) de la voie. La finale *veix* doit avoir le même sens que dans *Pont-Veix* : ce serait donc le *bois du gué*.

Un ancien manoir féodal, placé, près du passage, à mi-côte et dans une jolie position, a reçu aussi le nom de *Pont-Veix*. Ce serait en vain que sous les belles avenues de chêne de cette habitation on chercherait les vestiges de la voie ; et cependant ce doit être là qu'elle se divise en deux branches ; l'une prenant le nord-est vers Chasteaubriant et le Maine, de laquelle j'ai déjà dit un mot, et qui fera l'objet du chapitre suivant ; l'autre continuant la direction nord, et dont je vais poursuivre la description.

Pour la retrouver, il faut monter le coteau à peu près au nord, laisser tout près et à l'ouest le bois de Coët-Veix, au-delà duquel et à peu près à 400 mètres à l'est du moulin à vent de Pont-Veix, on verra se déployer la voie, parfaitement marquée, tout au travers d'une vaste lande nouvellement partagée, et déjà coupée de nombreux fossés, Les géomètres ruraux, qui ont procédé à ce partage, semblent n'avoir pas aperçu ce monument, d'autant plus intéressant qu'il était là de la plus parfaite conservation ; et le résultat de leur travail sera son entière destruction, car leurs lignes, barbarement tracées, ont coupé la voie en tous sens, au lieu de respecter son ancienne destination routière, destination qu'elle avait même conservée jusqu'à nos jours, puisque, quand je l'observai la première fois, elle servait de chemin public de Pont-Veix aux moulins de Chère et à Pierric. C'est ainsi qu'on s'est privé d'un excellent chemin vicinal, pour en tracer, un peu plus à l'est, un nouveau qui deviendra impraticable ou coûtera fort cher à la commune de Conquereuc. Il faut dire cependant que, dans une partie de la voie, on a amené le chemin de Conquereuc à Pierric ; mais, au lieu de l'établir sur la partie convexe la plus solidement empierrée, on l'a tracé sur le bord oriental, à la largeur de 15 pieds et de la manière la plus pitoyable.

Cet embranchement du chemin vicinal avec la vieille voie a lieu au point le plus élevé de la lande. C'est là qu'en me retournant vers Pont-Veix, j'ai pu m'assurer que la direction de la voie ne mène point au vieux pont placé sous la chapelle du Lieu-Saint, et qu'au contraire elle laisse à une assez grande distance à l'ouest le moulin à vent de Pont-Veix, et paraît tendre en droite ligne vers la maison de ce nom, et conséquemment vers le barrage du moulin à eau dont j'ai parlé ci-dessus, comme faisant partie intégrante de la voie.

Malgré tous les obstacles que présentent les fossés nouveaux et quelques commencements de culture, on peut

3

encore suivre la voie pied à pied pendant plus de trois quarts de lieue, et reconnaître qu'elle est constamment accompagnée de ses deux contre-fossés, et qu'elle a conservé les dimensions que j'ai rappelées précédemment. Les trop nombreux affouillements, tant en travers que dans la longueur de la chaussée, nous démontrent qu'elle était formée d'un fond d'argile battue d'un à deux pieds d'épaisseur, puis d'une couche de pierres de grès d'inégale grosseur, enfin que la partie supérieure était couverte de cailloux ou gravois de quartz roulés.

C'est dans cette partie qu'on trouve un vieux fossé à très-gros talus, qui se prolonge parallèlement à la voie et à 20 mètres de distance de son rebord occidental dans toute la traverse de la lande, depuis le bois de Coët-Veix jusqu'à 100 mètres avant d'arriver à la route nouvelle de Guémené-Penfao à Derval, et qui là se rejette à l'ouest-ouest-nord, en formant un angle un peu plus ouvert qu'un angle droit. Ce fossé est certainement un ouvrage militaire, et j'ai dit ailleurs (Nour. édit. du Dict. d'Ogée, art. *Conreuil*) que je pensais que c'était dans la lande où il est tracé que se donna la bataille entre Conan, comte de Rennes, et Foulques-Nerra, comte d'Anjou, en 992, et probablement celle entre le même Conan et Guerech, comte de Nantes, dix ans auparavant. Je crois devoir rappeler ici très-succinctement ce qui donna lieu à ces batailles.

La succession d'Alain Barbetorte était vivement disputée entre Hoël, son fils naturel, et Conan, comte de Rennes, seul héritier direct des anciens princes bretons. On accusa Conan d'avoir fait assassiner Hoël. Guerech, autre fils naturel d'Alain, succéda à son frère dans ses prétentions, et devint comte de Nantes, d'évêque de cette ville qu'il était déjà. La guerre continua entre lui et Conan. On se rencontra, en 982, dans les landes de Conquereuc; et, quoi qu'en disent les historiens, il y a lieu de croire que l'avantage fut pour Conan, car il courut longtemps après un proverbe qui disait : *C'est comme à la bataille de Conquereuc, où le tors l'a emporté sur le droit.* Or, on sait que Conan était surnommé *le Tors.* La chronique du Mont Saint-Michel vient d'ailleurs à l'appui de cette opinion. Guerech mourut quelque temps après. On accusa encore Conan de l'avoir fait empoisonner. Alain, fils de Guerech, ne lui survécut pas longtemps, et les Nantais, grands ennemis de Conan, et qui ne lui épargnaient pas, comme on le voit, des imputations probablement calomnieuses, choisirent pour leur comte un bâtard de Hoël, nommé Judicaël. Foulques-Nerra, comte d'Anjou, soutint celui-ci, et provoqua, dit-on, Conan à une seconde rencontre dans les landes de Conquereuc, où la même querelle s'était déjà débattue. Ces landes se trouvaient à moitié route entre Rennes et Nantes, et étaient traversées par la voie dont nous nous occupons, et qui réunissait ces deux villes. La bataille se donna le 27 juin 992. Conan y fut vaincu et tué. On a dit qu'il avait usé d'une ruse de guerre en faisant couvrir de branchages un fossé creusé à l'avance, dans lequel la cavalerie de Foulques était venue trébucher. J'ai examiné attentivement les lieux et surtout ce gros fossé dont j'ai parlé. Son talus a 15 pieds de base et 5 de hauteur actuelle. La maie en est creusée à l'ouest en majeure partie. Ailleurs, elle l'a été des deux côtés. S'il y a quelque chose de vrai dans la ruse rapportée par les chroniques, Conan pourrait bien s'être servi de ce fossé, qui me paraît avoir été construit longtemps avant lui, et pour une bataille bien autrement nombreuse que celle de 992. Car, de penser que dans une lande rase, à sol argileux, on ait pu creuser une douve capable de faire culbuter des chevaux de guerre, et cacher ce travail sous quelques ramées; il n'y a vraiment pas moyen. La couleur d'ocre jaune de cette argile, et l'énorme sillon de déblais, auraient fait connaître la ruse de fort loin. Il aura fallu, au contraire, pour la faire réussir, que Conan, établissant le front de sa ligne parallèlement au talus ancien et à peu de distance, fît creuser une douve de son côté, au pied de ce talus, qui en aura dérobé la vue. On conçoit alors que Foulques, venant vivement à l'attaque, et voulant franchir le talus, sera retombé dans la douve, quand il croyait trouver un terrain droit. Ceci expliquerait comment ce talus a une double douve, et on pourrait croire que c'est dans la partie seulement où cette double douve existe, que se serait donnée la bataille entre Foulques et Conan (1).

Ces deux rencontres dans les landes de Conquereuc viennent encore à l'appui de la remarque, déjà souvent reproduite, que le mouvement des armées, au moyen âge, suivait presque toujours les voies romaines, qui étaient, à cette époque, les seuls chemins militaires.

____

(1) Grégoire de Tours (Hist., l. 3, c. 7) rapporte une ruse de guerre analogue à celle de Conan, employée par les Thuringiens contre l'armée de Thierry qui venait les attaquer. C'étaient des fosses recouvertes de gazon.

Cette lande, qui fut le champ de ces deux batailles assez célèbres dans nos chroniques bretonnes, forme une plaine occupant le point le plus élevé entre les rivières du Don, que nous venons de traverser, et de la Chère, que nous allons bientôt franchir. La voie laisse à moins d'une demi-lieue à l'ouest le bourg de Conquereuc (1), et à plus d'une lieue au nord-est celui de Derval. Elle passe à 500 mètres du bois d'Anguerdel, placé au levant; et on aperçoit dans la même direction les bois d'Aindre, restes d'une grande forêt, qui, de la Vilaine, se prolongeait vers Chasteaubriant, et appartenait aux vieux barons de ce nom.

En quittant la lande dont je viens de parler, la voie coupe à angle droit la route de Guemené à Derval, passe tout près et à l'est des villages des Mortiers, d'Estival, de la Chesnaie et de la Rénière. Elle sert encore ici de chemin public. C'est à peu de distance à l'ouest de ces villages, et entre ceux du Fouay et de Bréhain, que se trouve une immense carrière de gravois ou cailloux de quartz roulés, nommée *Coët-Mac*. C'est là qu'a dû être prise l'énorme quantité de cette matière qui a servi à l'empierrement supérieur de la voie; car, depuis le Gavre jusque bien au-delà du point où nous sommes parvenus, nous ne trouvons qu'un sous-sol de schiste ardoisin, et le dépôt de Coët-Mac paraît être le seul de tous ces cantons. Ce nom de *Coët-Mac*, pro-

---

(1) J'écris *Conquereuc*, en lui conservant sa finale bretoune, et non pas *Conquereuil*, *Concreuil*, *Conquereuil*, comme on l'écrit ordinairement. Le Cartulaire de Redon le nomme *Concuruz*; le *Chronicum britannicum*, *Concruz*; la Chronique de Nantes, *Conquereus*.

noncé dans le pays *Coémâ,* est purement breton, et signifie *Bois-Grand* ou Grand-Bois, comme son inverse *Magouët* ou *Mac-Couet.* Il existe, au sujet de ce *Couët-Mac,* une tradition qui fait de cette vieille carrière de gravois une ville qui a été engloutie, et tous les paysans d'alentour ne la connaissent que sous le nom de la *Ville de Coët-Mac.*

A un quart de lieue au-delà du village de la Renière, la voie traverse une longue suite de monticules, qui s'étendent d'orient en occident sur une longueur de plus de 2,000 mètres, mais qui ont une très-petite largeur. Ils sont indiqués sur la carte de Cassini comme une ligne de rochers. Ces monticules sont formés du déblai des carrières d'ardoise de Pierric, bourg que la voie laisse à 12 ou 1500 mètres à l'est, en passant à la hauteur du moulin à vent de Rouxel, placé à son couchant.

De ce point, et en suivant toujours la direction du nord, on commence à descendre vers la rivière de Chère. La voie, toujours bien marquée, sert de chemin public jusqu'à la rencontre d'un chemin rural entre les villages de Coetvaux et de Tremelon. Là, elle entre dans des pâtures closes, en sort dans une petite plaine basse et marécageuse où elle est cependant très-bien conservée, puis se dirige sur le village de Chère, en Pierric, et de là va passer la rivière de Chère vers le moulin placé sous le village de la Hagouais, qu'il ne faut pas confondre avec les moulins de Chère, situés sur la même rivière, à 4 ou 500 mètres plus haut.

Assez près de ces moulins, sur la rive gauche de la Chère, et à l'endroit où cette rivière reçoit l'un de ses affluents qui passe sous le bourg de Pierric, est un village dont le nom est écrit *Quatre* sur le carte de Cassini, mais qu'on

prononce *Câtres* dans le pays, et qu'on devrait conséquemment écrire *Castres*. Ce nom me paraît indiquer, en
cet endroit, un camp romain, *Castrum*. Je regrette de n'a-
voir pu m'en assurer quand je suis passé aux moulins de
Chère; et cela avec d'autant plus de raison, que ma conjecture semble justifiée par M. Maillet, bibliothécaire de Rennes, qui a vu, dans ce voisinage, un véritable camp, avec
fossés et retranchements, dont il n'a pu malheureusement
m'indiquer la vraie position.

Avant de passer sur la rive droite de la Chère, je dois
faire mention d'un lieu où l'habitation des Romains s'est
révélée par la rencontre de quelques médailles, et d'une
quantité considérable de tuiles à rebords et de fragments
de poteries. C'est l'abbaye de Balac, située sur la rive gauche de la même rivière de Chère, à un peu plus d'une lieue
au-dessous du passage de la voie romaine, et marquée sur la
carte de Cassini sous le nom de l'*Abouix*, parce que c'est
ainsi que, dans le pays, on prononce le mot *Abbaye*. C'est
un lieu fort anciennement habité. D. Morice, pr. 1. 553, a
tiré du Cartulaire de Redon la donation qui en fut faite aux
moines de cette abbaye par Olivier, fils de Jarnogon de
Pont-Chasteau, en 1126. *Ego Oliverius filius Jarno-
goni de Ponte.... dono hodie et firmiter concedo sal-
vatori totius mundi in hac sua Rotonensi ecclesiâ, locum qui dicitur Ballac, cum tota integritate suâ, sicut
ab antecessoribus meis et à me jure hæreditario nosci-
tur possessus.* Cinq ans après, en 1131, le même Olivier
donne encore aux moines de Redon la vallée de Brengoen, *vallem quæ dicitur Brengoen* (D. Mor., ib. 565),
contiguë à la terre de Ballac; c'est aujourd'hui le village de

Brangoüin, marqué, sur la carte de Cassini, à un quart de lieue à l'ouest de Ballac; enfin, en 1133, le moine Guillaume de Fait ou de Fay et l'ermite Hubert, qui habitaient ensemble la terre de Ballac, se plaignirent à Guégon de Blain (*Guegonus de Blaigno*) de ce que ce lieu, qui, du temps d'Olivier du Pont, était leur propriété, avait été dévasté par les guerres et était devenu le passage continuel et la proie des larrons. Guégon, qui paraît avoir été le seigneur suzerain d'une grande partie du pays nantais joignant la Vilaine, leur donna une seconde fois la même terre de Ballac (D. Mor., *ibid.* 569). Elle a appartenu aux moines de Redon jusqu'en 1790. C'est aujourd'hui une métairie située au bord de la rivière de Chère, et au pied d'un coteau fort élevé et très-pittoresquement parsemé de bocages. La chapelle subsiste encore. C'est une construction du XVI.ᵉ siècle, peu remarquable. Ogée, à l'article *Pierric*, parle de Ballac comme d'une seigneurie et d'un château. Je n'ai rien trouvé, dans les chartes que j'ai extraites ci-dessus, qui tende à justifier de pareilles qualifications. Ballac était tout simplement un prieuré de l'abbaye de Redon.

Reprenant la voie au village de la Hagoüais, je ne puis indiquer d'une manière précise son passage au village de la Bourjouinais, et à l'est de celui de la Bergerie ; ce n'est qu'au village de la Roulais et en entrant dans une vaste lande à l'ouest et à une demi-lieue de la petite ville de Fougeray, qu'on retrouve la voie, formant encore une chaussée convexe, quoique ayant perdu en quelques endroits sa couche supérieure de cailloux roulés, et réduite à un fort empierrement de moellons de différentes grosseurs, et tels qu'ils sont sortis de la carrière.

Quoique je n'aie rencontré à Fougeray aucun débris romain, je ne puis passer aussi près de l'ancien château fort qui y existait, sans en dire quelque chose. Son origine se perd dans la nuit des temps, et on pourrait soupçonner avec quelque raison que ce château, devenu la forteresse d'un baron du moyen âge, avait été, dans son principe, établi sur un camp romain. Son voisinage, assez rapproché de la voie, autoriserait cette conjecture. Le Cartulaire de l'abbaye de Redon parle de la paroisse de Fougeray, mais ne dit rien de son château. Dans une charte d'Erispoé, prince de la province de Bretagne, *princeps Britanniæ provinciæ*, par laquelle il donne à Saint-Sauveur de Redon, *duas Randremes, Moi* (Moais) *et Aguliæ in plebe quæ vocatur Fulkeriac super fluvium Kaer* (la Chère). Cet acte, rapporté par D. Morice dans le 1.er vol. de *preuv. de l'hist. de Bret.*, p. 294, est rangé sous la date de 851. On voit qu'en 1202, Brient le Bœuf, sire de Nozay, possédait la seigneurie de Fougeray; mais, pour trouver la première mention historique de son château, il faut descendre jusqu'au milieu du XIV.e siècle, époque à laquelle cette place devint le théâtre de l'un des premiers exploits guerriers de Duguesclin. Dans le *Roumant* en vers alexandrins que Cuvelier a composé sur la vie du bon connétable, presque aussitôt après sa mort, c'est-à-dire de 1381 à 1386, le poëte raconte la surprise du château de Fougeray par notre héros, et j'ai remarqué dans ce récit une tradition qui existait alors et d'après laquelle ce château aurait été fondé par le roi Artus.

> ... Ung chastel moult fut fort près de la
> En Bretagne-Gallo, *roy Artus le fonda;*

Foulgerai ot à nom, ainsin on l'appella.
Vers 832.ᵉ et suiv.

Cette tradition vient encore appuyer ma conjecture sur l'origine romaine que j'attribue aux premiers travaux de fortification et au choix de cet emplacement ; car je pourrais citer de nombreux *châteaux du roi Artus*, qui ne sont autre chose que de véritables camps romains, conservés même dans leur forme primitive.

Je répète, toutefois, que ce n'est qu'une conjecture, car il n'y a rien de romain dans le seul débris qui existe encore du château de Fougeray. C'est une tour fort grosse et fort élevée, qui m'a paru être un édifice du XIII.ᵉ siècle, à en juger par l'ogive peu aiguë de ses voûtes et des ornements de ses mâchicoulis. Ses fenêtres, placées sans aucune régularité, sont toutes carrées, et quelques-unes sont surmontées d'arcs de décharge en plein cintre. Cette tour était probablement le donjon du château, car sa porte basse était défendue par un pont-levis à deux flèches dont on voit encore les ouvertures ; ce qui indique que la tour placée sur le grand fossé du château, mais sans issue de ce côté, était garnie à l'intérieur d'un fossé particulier. Au second étage et directement au-dessus de la porte basse, existait une poterne à pont-levis qu'une seule flèche faisait mouvoir, mais dont je ne m'explique pas l'utilité à une pareille élévation. Cette porte et cette poterne sont cintrées. La maçonnerie de la tour est en moellon commun du pays, assez mal mis en œuvre, mais lié par un mortier de fort bonne chaux. Les ouvertures sont parementées en grès de diverses espèces et bien traitées. Les escaliers en colimaçon, dont l'un est pratiqué dans une tourelle faisant corps avec la tour, et l'autre dans l'épaisseur de la muraille, sont partie en grès, partie en granit et en ardoise.

Le château de Fougeray était situé à l'orient de la ville et avait, autant qu'on peut en juger actuellement, une figure carrée. Ses fossés du nord et du levant étaient alimentés par deux petits ruisseaux : on peut voir encore à peu près leur emplacement; mais, du côté de la ville et vers le midi, tout vestige de fortification a disparu, pour faire place à un fort beau jardin et à une jolie plantation. Une maison moderne a été construite en face de ce jardin, et tout l'intérieur de l'ancien château est devenu une belle cour verte et l'emplacement de ménageries considérables. Ces nouvelles constructions sont du milieu du XVIII.ᵉ siècle.

Cette place, commandée par des hauteurs à l'est, au nord et à l'ouest, devait à l'art toute sa force. Il ne paraît pas que la ville de Fougeray ait jamais été fortifiée.

Reprenons notre voie romaine sur la grande lande où nous l'avons laissée, et où on peut la retrouver facilement en suivant le chemin de grande communication qu'on trace en ce moment de Fougeray au Port de Roche, sur la Vilaine. La voie coupe ce chemin presque à angle droit et va passer à 400 mètres à l'est du moulin à vent du Chesne-Poirier. Sur toute cette lande elle est très-apparente et d'une parfaite conservation. Sa largeur est de 20 mètres entre les contre-fossés, un peu aplatis, mais bien marqués, et dont la base n'a pas moins de 5 mètres.

A un quart de lieue à l'ouest du moulin du Chesne-Poirier, est l'ancien manoir du Loray, écrit Lauray sur la carte de Cassini. Placé sur une langue de terre formée par la jonction de deux ruisseaux, ce lieu paraît, au dire de M. Gaudin, docteur en médecine à Fougeray, avoir été très-fort; et le même observateur ajoute qu'on a trouvé dans le bois qui en dépend, les ruines d'un vieux château, de la destruction duquel on ignore l'époque. Cette position à une faible distance de la voie mérite un examen plus attentif.

Un peu au nord du même moulin du Chesne-Poirier, la voie descend dans un vallon formé par un assez fort ruisseau qui se décharge dans la Vilaine, près du Pont-Loüet. Elle passe tout près et à l'est de l'ancien manoir de la Praye, où, selon une tradition recüeillie par M. Gaudin, la duchesse Anne et les sires de Rohan, seigneurs de Blain, *faisaient halte*, probablement en se rendant à Rennes. Cette tradition s'explique assez naturellement, quand on saura que dans toute la traverse de Fougeray, comme en beaucoup d'autres lieux de la Bretagne, la voie porte le nom de *Chemin de la duchesse Anne*, et que les paysans, qui s'occupent beaucoup plus d'antiquités qu'on ne le croit communément, ont ouï dire que ce chemin venait de Blain, principale demeure des Rohan en Bretagne.

Malgré l'état de culture de toute cette vallée de la Praye, il n'est pas fort difficile de reconnaître et de suivre la voie dans le chemin qui conduit à la chapelle, aujourd'hui abandonnée, de Brandeneuf ou plutôt *Brandeneuc*.

A une lieue à l'ouest de cette chapelle, et conséquemment de la voie, se trouve, sur une hauteur et à peu de distance de la Vilaine, le village du *Chastellier*, dont le nom si répandu indique presque partout une enceinte fortifiée.

C'est tout auprès de ce village que, sur un rocher abrupte pendant sur la même rivière et dans le site le plus pittoresque, existe une ruine que le nom de l'*Ermitage*, qu'elle porte encore, a fait prendre pour l'ancienne retraite de quelque cénobite. On y voit des restes de murs de l'enceinte et de l'habitation, ainsi qu'un énorme bloc de pierre bleue creusé profondément. Cet ermitage pourrait bien avoir quelque rapport avec les anciens ouvrages militaires du Chastellier. Je provoque encore ici un nouvel examen.

Au-delà de la chapelle de Brandeneuf, la voie s'élève avec le coteau pour parvenir à une vaste lande, au travers de laquelle son sillon très-apparent s'avance et atteint, après un parcours de plus de 2000 mètres, au village de Gras-Aulnay, en la paroisse de Messac. Après ce village, la voie traverse une autre lande et arrive au village de la Besnerais, puis à la chapelle de Noë-Blanche ; puis elle descend dans une vallée où se réunissent plusieurs ruisseaux, après avoir passé successivement aux villages du Plessis-Tenet, de la Brosse, de la Liais et de Carfort. Là elle coupe la nouvelle route de grande communication de Messac à Bain, bourgs qu'elle laisse à gauche et à droite, à peu près à égale distance.

Ce croisement s'opère dans une lande basse et plate nommée la lande du Poué, et dont le sol d'argile a recouvert ou détruit la voie, car il m'a été impossible de l'y reconnaître ; il en a été ainsi dans le chemin creux qui conduit aux landes de Bagaron, en passant très-près et à l'ouest des villages du Rablet et du Fresne. Mais un renseignement local m'ayant appris que ce chemin creux formait limite entre les paroisses de Bain et de Messac, j'ai pensé qu'il avait très-probablement remplacé la voie romaine, qui, depuis le village de Gras-Aulnay jusqu'à ce chemin, délimite les mêmes paroisses.

Avant d'aller plus loin, il faut que je parle d'un ouvrage militaire situé sur la route de Messac, à un quart de lieue de Bain, et nommé le *Château du Coudray*. Ce qu'on en aperçoit d'abord, c'est un monticule sur lequel est établi l'un des télégraphes de la ligne de Nantes à Rennes. Cette petite enceinte, de 60 pieds de diamètre, est défendue par un fossé de 25 pieds de largeur et de 15 pieds de profondeur. Au midi, une autre enceinte demi-circulaire est jointe à la première et défendue elle-même par un fossé de 15 pieds de largeur et de 6 de profondeur. A l'ouest de ces deux ouvrages, on remarque d'assez gros fossés qui paraissent former une troisième enceinte plantée d'une châtaigneraie, et dans laquelle est une chapelle sans caractère architectural, paraissant avoir été construite dans le XVII.ᵉ siècle, et nommée aussi du Coudray. Il est évident qu'il y a eu ici un système de fortification dont les ouvrages, tous en terre, doivent remonter à une époque fort reculée, et avoir été en rapport avec la voie romaine qui passait à trois quarts de lieue de là, vers l'ouest, mais qui, de ce point très-élevé, pouvait être observée depuis les landes de Fougeray jusqu'à celles de Bagaron, dans un développement de presque trois lieues. Ce monument est dans la commune de Bain. Aucune tradition n'y est attachée, si ce n'est qu'il a appartenu à un duc de Lizerne que personne ne connaît. Au reste, j'y ai vainement cherché des restes de murailles, même modernes. Je n'y ai non plus trouvé aucun débris romain.

Un autre monument qui me paraît d'une antiquité beaucoup plus reculée, et qui, selon moi, n'a aucun rapport avec la voie, quoiqu'il n'en soit éloigné que d'un kilomètre à l'est, ce monument, dis-je, se trouve placé dans la même commune de Bain, au milieu des bois de *Veriac*, dépendant de la métairie de la Cariais, qui n'en est éloignée que de quelques cents mètres. C'est un tumulus de forme parfaitement circulaire, entouré d'un fossé de 40 pieds de largeur et de 10 de profondeur, creusé dans l'argile, et dont le déblai a dû élever le cône aplati de ce tumulus, qui n'a pas moins de 45 à 50 pieds de hauteur, et dont le sommet donne un diamètre de 120 pieds. Le contour, mesuré au fond du fossé, est d'environ 480 pieds. Il n'y a ici aucune enceinte militaire, et le tumulus n'a jamais pu servir de poste de sûreté, puisque aucune entrée ne paraît y avoir été ménagée, et que ce n'est pas sans difficulté qu'on parvient, encore aujourd'hui, à en atteindre le sommet, autour duquel il n'y a d'ailleurs, comme je l'ai vu quelquefois, aucun parapet ni épaulement pour la dépense. Ce sommet, au contraire, retombe de tous les côtés, et présente partout une surface convexe.

On m'a indiqué dans la commune de Fougeray, au village de *Cherhal*, à une lieue à l'est du clocher, un monument semblable en tous points, et qui est inédit, comme celui que je viens de décrire.

J'ai dit plus haut que la voie devait se rendre à la lande de Bagaron, dans la direction d'un chemin creux qui l'a remplacée, et qui sert encore de limite entre Bain et Messac. Ce chemin passe à quelques cents pas à l'ouest du village du Fresne , et tout près d'un entassement naturel d'énormes roches de grès quartzite, au-dessus duquel on commence à retrouver la voie, divisée dans sa longueur par la haie occidentale d'un grand champ, plantée sur le milieu de l'agger , dont on voit encore l'empierrement , surtout en dehors du champ. C'est ainsi qu'elle va croiser le chemin vicinal de Bain au *Pont-Neuf* sur la Vilaine.

Ce *Pont-Neuf* , éloigné de la voie de trois quarts de lieue à l'ouest , passe, dans tout le pays , pour un pont non-seulement romain , mais qui aurait eu l'honneur d'être bâti par César, quand il alla faire la guerre aux Venètes. On a trouvé , dit-on, il y a 60 ans, dans une pile de ce pont, démolie pour élargir le chenal , des pièces en *fer* et en cuivre , à l'effigie du conquérant des Gaules; mais tout cela n'est autre chose que conjectures de ces demi-savants qui veulent tout expliquer, qui voient partout le général romain , et trouvent tout dans ses commentaires , dont ils ont péniblement traduit quelques pages au collége. Quant au *Pont-Neuf,* il ne m'a présenté rien de romain dans sa maçonnerie. C'est un pont du moyen âge, qu'un seigneur du canton était obligé d'entretenir à ses frais , avant la Révolution , et qui s'est depuis écroulé faute de réparations. Il a été remplacé par un bac. En me voyant l'examiner avec attention , on me prit pour un ingénieur , et on me demanda si j'allais le faire reconstruire. Je laissai cet espoir à un certain nombre d'assistants , et j'emportai leurs bénédictions, avec un fragment de mortier de l'une des culées , qui a acquis réellement une très-grande dureté , mais qui n'est point du ciment romain. Les savants dont j'ai parlé m'avaient aussi assuré qu'au bout de ce pont on trouvait un chemin pavé qui était romain. J'ai cherché ce chemin, je l'ai demandé, et personne du lieu n'a pu me l'indiquer. Revenons donc à la véritable voie romaine.

Après le chemin rural de Bain au Pont-Neuf, commencent les immenses landes de Bagaron, qui s'étendent sur plusieurs mamelons séparés par des gorges assez profondes, dans l'une desquelles a été, pour ainsi dire, cachée la petite et modeste chapelle de Saint-Melaine. La voie, parfaitement pavée au bas de ces collines, disparaît en les gravissant. Il est probable que, dans cette pente fort rapide, l'effort des eaux l'a détruite, en laissant à nu la roche gréseuse du sous-sol. Mais aussitôt qu'on a atteint la plaine, on reconnaît très-facilement le sillon de la voie, accompagné de ses deux contre-fossés, et présentant un profil en travers dont voici les dimensions : — L'agger a 8 mètres de largeur; chacun des côtés plats de l'agger, 7 mètres; ce qui fait 22 mètres de largeur totale entre les contre-fossés, qui ont chacun 5 mètres de base; — total général, 32 mètres. Je donne ces mesures, parce que ce n'est que dans nos landes bretonnes qu'on peut retrouver les voies romaines dans leur forme primitive, tandis que presque partout ailleurs il n'en est resté que l'agger empierré, c'est-à-dire la partie la plus résistante. C'est ce qui fait que beaucoup de personnes ne donnent aux voies romaines qu'elles ont observées, qu'une largeur de 18 à 20 pieds, parce qu'en effet elles n'en ont retrouvé que l'ossature, quand les côtés plats et les contre-fossés ont disparu sous les terres cultivées.

4

A l'endroit où nous sommes parvenus, la voie suit côte à côte, vers l'ouest, le fossé d'une très-grande pièce en lande, nouvellement enclose par M. Lanjuinais, ancien ingénieur géographe, au-dessus de la chapelle de Saint-Melaine. En creusant ce fossé, on a rencontré une petite quantité de fragments de tuiles à rebord, d'un rouge éclatant. Il est probable qu'une petite maison gallo-romaine aura existé dans cet endroit.

Au-delà et avant d'entrer dans les clôtures de la terre du Plessix-Bardoul, la voie est très-fréquemment coupée par des ornières, qui quelquefois, l'ont attaquée profondément. Ces ornières ont mis à découvert l'amas pierreux dont l'agger est formé. Ce sont des fragments gros comme le poing d'un grès stéa-schisteux, qui est la roche de la localité.

La voie entre ensuite dans une pâture en lande dépendant de la terre du Plessix-Bardoul, à moins de cinquante pas à l'ouest du coin formé sur la lande par le fossé de cette pièce, dans laquelle la voie est encore parfaitement conservée.

Il n'en est pas ainsi dans le bois taillis, au nord de cette pâture. Elle y est cachée sous un fourré rendu plus épais par de nombreux ajoncs. Mais, en suivant le fossé oriental de ce bois, on l'aperçoit sortant de ce fossé, un peu avant d'être arrivé à l'entrée d'une longue avenue qui conduit au manoir du Plessix-Bardoul.

A partir de cette avenue, la voie, qui était depuis fort longtemps un chemin vicinal conduisant au bourg de Pléchastel, a été récemment réparée. C'est ainsi qu'elle passe aux villages de l'Aubaudais et de la Faroulais. A la sortie de celui-ci, le chemin vicinal prend un peu à gauche, pour se rendre à Pléchâtel, et la voie, continuant sa direction nord, traverse une petite lande où elle est très apparente, puis descend, par une pente très-rapide et très-ravinée, vers un village nommé à la fois la *Grée* et la *Motte*, mais qui, sous aucun de ces noms, n'est marqué sur la carte de Cassini, où il devrait être placé un peu à l'ouest de celui de Mardin. Au bas du coteau, se trouve un chemin très-bien pavé, et qui est évidemment un reste de la voie.

La maison qui porte particulièrement le nom de la *Motte*, l'a reçu d'une assez grosse motte ou amoncellement de terre placé en face et à quelques pas au midi de cette maison. Cette motte n'est pas circulaire : elle a une forme allongée, et une hauteur d'environ 20 pieds. On ne peut trop en expliquer la destination. Peut-être a-t-elle fait partie de quelque fortification, dont le ruisseau à bord escarpé qui défend au nord la maison de la Motte, pourrait donner l'idée. Quoi qu'il en soit, cette motte est un ouvrage considérable et de main d'homme.

Dans le chemin de quelques cents pas qui mène de la Grée à l'ancien petit manoir du Perray, la voie a entièrement disparu. La roche schisteuse qui s'y montre à nu, a été facilement creusée de l'un et de l'autre côté du petit ruisseau très-encaissé dont je viens de parler.

Au Perray, on reconnaît encore que ce manoir a été construit sur la voie même. Au-delà, elle est entièrement méconnaissable, et tout ce que l'on peut faire, c'est de supposer qu'elle suivait un très-mauvais petit chemin de 8 à 10 pieds de largeur, mais tracé en ligne droite. Ce chemin, par une légère déviation à gauche, conduit au *Grand-Moulin* placé sur la rivière du Semnon; et qui, indiqué sur la carte de Cassini, n'y porte aucun nom. On m'avait dit, et j'avais pu croire que la voie traversait la rivière sur la chaussée de ce moulin; mais le meunier me donna les explications les plus précises sur *l'ancienne grande route* qui passait il y a bien longtemps dans son voisinage. C'est à quelques cents mètres au-dessus du Grand-Moulin que la voie franchissait le *Semnon*, qui sépare les paroisses de Pléchastel et de Bourg-des-Comptes. On la remarque, à ce passage, dans un champ nommé le *Réfour*, situé en Pléchastel, et, sur la rive droite, dans un autre champ nommé le *Chasseloup*, situé en Bourg-des-Comptes.

Avant de passer le Semnon, il faut que je dise quelque chose de cette petite rivière, qui, prenant sa source à Senones, ou plus exactement *Fontaine-Semnone* (1), c'est-à-dire source du Semnon, vient, après un cours très-accidenté de quatorze lieues, verser dans la Vilaine, près du bourg de Pléchastel, ses vives et abondantes eaux et celles de ses nombreux affluents. Elle servait, suivant la Chronique de Nantes, de limite septentrionale à cette sorte d'évêché dont on laissa la jouissance à Gislard, après sa

---

(1) Senone est un bourg de l'Anjou, sur la frontière de la Bretagne. Ménage, dans son Histoire de Sablé, rappelle un *Stephanus de Senona*, fondateur, en 1050, du prieuré de Brion, près de Beaufort. Une famille de Senone existe encore en Anjou, mais il est douteux qu'elle se rattache aux Senone du XI.e siècle. Son véritable nom est, dit-on, La Motte-Baracé.

déchéance du siége de Nantes, auquel l'avait appelé la faveur de Nominoé, qui en avait dépossédé Actard ; petit évêché qui, dans la suite, est devenu l'archidiaconé de *la Mée, Media.* Voici les termes de la Chronique : *... totam parochiam Nannetensem rescidit à fluvio* Herede (l'Erdre), *usque* Vicenonam (la Vilaine) *et* Semenonem (le Semnon où Semenon). Les bénédictins collecteurs des preuves de l'Histoire de Bretagne, t. 140 et 147, ont traduit le nom *Semeno* par *Sèvre*, et se sont grandement trompés! Ce que je viens de rapporter prouve que l'évêché de Nantes s'étendait, au IX.ᵉ siècle, jusqu'au Semenon. Une charte de Marmoûstier, rapportée *ibid.* 417, nous apprend qu'il en était encore ainsi au XI.ᵉ Il y est question d'un procès concernant l'église de Saint-Sauveur de Bairé, porté à la juridiction de l'évêque de Nantes Quiriac, *cùjus præsulatui ecclesiæ subjacent omnes, inter Cheram* (la Chère) *et Semenonem fluvios consistentes, inter quas et Bairiensis illa consistit.*

Le bourg de Plechastel est placé à un demi-quart de lieue de la voie, qui passe à son levant. *Ple-chastel* signifie, en breton, paroisse du *Chasteau* ou du *Camp.* On en trouve la mention dans le Cartulaire de Redon, comme existant au IX.ᵉ siècle : *Dedit Salomon rex partem dimidiam* Plebis-castel *quæ sita est super fluvium Visioniæ in pago Redonico.* D. Mor., Hist. de Br., pr. t. 328. Ce nom de *Castel, Chastel* et le voisinage de la voie romaine me paraissent indiquer que dans ce lieu devait exister un camp d'une certaine importance, puisque ce camp a servi à former le nom de la paroisse. Mais n'ayant pu vérifier s'il en existe encore des vestiges, comme je suis très-porté à le croire, j'ai dû, à regret, laisser à un explorateur plus heureux cette vérification et bien d'autres.

Après avoir passé le Semnon à l'endroit que j'ai indiqué ci-dessus, la voie arrive au village de la *Chaussée*, à qui elle a donné le nom. On en trouve là des vestiges fort apparents, et un laboureur en a rencontré de pavé dans un pré qu'il voulait baisser. Des fouilles récentes ont fait découvrir au même village des tuiles à rebord, et M. Robiou, propriétaire de la terre de la Chapelle, située près du village, a rencontré, en creusant les fondements de sa maison, non-seulement des tuiles à rebord, mais encore quelques monnaies romaines. Ce renseignement exact et intéressant m'a été fourni par M. Hipp. Vatar, sous-bibliothécaire à Rennes.

De la *Chaussée*, la voie se dirige par la ferme de la *Rue*, ancien manoir dépendant de la terre du Boschet, appartenant à Mgr. Saint-Marc, évêque de Rennes. On la reconnaît assez facilement dans le chemin qui longe les bâtiments d'exploitation.

A l'est de cette métairie, au milieu d'un bois, existe un immense affouillement, dans un fonds d'argile jaunâtre, qui paraît ne contenir aucune sorte de pierre. Cet affouillement n'ayant point de forme régulière, aucun fossé d'enceinte, il est impossible d'y voir un ouvrage militaire. On peut dire seulement que c'est un travail très-ancien, et l'une des nombreuses conjectures qui ont été faites à ce sujet, celle qui veut qu'il y ait eu là une poterie, n'est peut-être pas à rejeter. Poterie, briqueterie ou tuilerie, il a dû en sortir des produits considérables. Il est fâcheux, pour la conjecture, qu'il n'en soit pas resté ici pour preuve le plus petit tesson. Au moins ne l'ai-je pas rencontré en parcourant cette vaste carrière dont une partie est devenue marais.

Après la métairie de la Rue, le chemin-voie descend au village du même nom, où j'ai remarqué en passant un manoir du XVI.ᵉ siècle, bâti avec soin et bien conservé, quoiqu'il soit devenu le logis d'un fermier. Il faut, de là, descendre encore pour traverser, dans un encaissement de plus de cent pieds, un faible ruisseau, qui, sous le Bourg-des-Comptes, va se jeter dans la Vilaine. Une rampe a été ménagée sur la rive gauche pour gravir le coteau, au haut duquel la voie coupe d'abord le chemin de Bourg-des-Comptes à Poligné, puis celui allant du même bourg à Belair, où il s'embranche avec la grande route de Bain à Rennes. Ces coupures ont lieu à moins de 500 mètres à l'est du Bourg-des-Comptes.

Le nom de ce bourg s'écrit le plus communément Bourg des *Comptes*, ce qui me paraît une faute sous tous les rapports. D'autres l'ont écrit bourg des *Comtes*, *Burgus Comitum*, ce que rien ne justifie. Dans le Cartulaire de Redon, on trouve la première mention qui, je crois, ait été faite de cette localité. Vers le milieu du 9.ᵉ siècle, Salomon, roi de Bretagne, donne au monastère de Saint-Sauveur de Plélan, le même que celui de Redon, dont les moines s'étaient réfugiés à Plélan, un lieu nommé *Macoer, quæ alio nomine vocatur Valium Medon in pago Redonico in plebe quæ vocatur* Combs.

En 1240, Gaufrid de Pouancé, en mariant sa fille Thomase à André de Vitré, lui donna ce qu'il pouvait posséder dans les bourgs et paroisses, *in burgis et parochiis de*

Buxeria juxtà Chevreium, (la Rouexière, près de Chevré),
de *Cons,* de *Lalleio* (Laillé), de *Orgeriis* (Orgères), de
Burgo-Barré (Bourg-Barré), de *Novetoul* (Nouvoitou), etc.,
etc.

Il paraîtrait résulter de ces documents que le véritable
nom serait *bourg de Combs ou Cons,* changé, par une
prononciation fautive et toutefois prétentieuse, en *Comptes*
ou *Comtes.* Les habitants disent *Bourg-Cons* (1).

Ogée dit « qu'à peu de distance du bourg, est un monti-
» cule de terre, d'environ 40 à 50 pieds de hauteur, qui se
» termine en forme de cône ; que ce monticule paraît avoir
» été fait à dessein, mais qu'on ne sait à quel usage il
» servait. » Je n'ai point vu ce monument, je le note ici
pour mémoire.

Je crois devoir faire observer ici que, depuis le village de
la Chaussée jusqu'à la hauteur du Bourg-des-Comptes, les
vestiges de la voie sont rares et difficiles à reconnaître.
Mais ce qui prouve qu'elle prenait cette même direction,
c'est non-seulement que le chemin que nous avons suivi

---

(1) Si je ne craignais de tomber dans les mêmes erreurs que
tant d'honnêtes étymologistes, je pourrais dire que le bourg *de
Combs* est le bourg des *Vallées,* des *Combes* ; et peu de terri-
toires justifieraient mieux cette conjecture par de continuelles on-
dulations. On trouve dans Davies le mot gallois *cwmm,* vallis ;
dans Camden, *Comb,* convallis ; dans D. Lepelletier et Legonidec,
Combant, Koumbant, vallon ; *Cumba,* en basse latinité, vallée ;
Combe, en vieux français, encore usité dans beaucoup de provinces
et qui entre dans la composition d'une infinité de noms de lieux.
Tout cela paraît assez concluant ; mais le sage dit : Dans le doute
abstiens-toi.

conserve presque partout la ligne droite, mais que, malgré
sa dégradation, son état de ruine et en quelques endroits
son excessif rétrécissement, le nom de *Grand-Chemin* lui
a été conservé ; et j'eus lieu de me convaincre de la téna-
cité de cette tradition, en suivant le guide que j'avais pris
dans le pays, simple et pauvre journalier, qui, laissant de
côté des chemins larges et fréquentés, me conduisait, sans
le moindre défaut, dans ce *Grand-Chemin* où j'avais quelquefois beaucoup de peine à guider mon cheval. Ce nom
traditionnel me paraît une preuve convaincante que la
ligne que j'ai suivie est bien la continuation de cette voie
romaine reconnue, sans contestation, sur les landes de
Plechastel, et que nous allons retrouver tout à l'heure.

C'est ainsi que je suis arrivé à la croix du village des
Noës, à un quart de lieue au nord-est du clocher de Bourg-
des-Comptes. C'est ici qu'un chemin vicinal, sortant de ce
bourg et allant à celui de Laillé, a été tracé sur la voie
même ; et nous sommes bien assurés que c'est elle par la
quantité considérable de pierres qui en est sortie, toutes
cassées à la grosseur du poing, sorte de macadamisage que
j'ai déjà reconnu ailleurs. Ces pierres sont destinées à être
concassées plus menu pour empierrer ce nouveau chemin
vicinal, suivant la méthode actuelle.

La voie ainsi réparée va jusqu'au manoir de la Rivière
Cherel, et franchit tout auprès un ruisseau qui sert de limite aux paroisses de Bourg-des-Comptes et de Laillé.
Après ce ruisseau, et en remontant le coteau, on ne trouve
plus que le roc mis à nu, qui est une sorte de phyllade
grau-wacke. Au haut du chemin, il faut incliner un peu
à droite et aller passer tout près et à l'ouest du village de

Gripail, au-dessus duquel on rencontre un fragment de la voie de plus de 200 mètres, encore fortement pavé, et se dirigeant au nord. La voie entre ensuite dans une pièce labourée, coupe un chemin vicinal et se rend, au travers d'une pièce de lande, dans le bois de Treviguel, où elle entre tout auprès d'une carrière considérable de grès quartzite, qu'on exploite en ce moment pour paver les quais de Rennes. De cet endroit on juge, par la direction connue et suivie jusqu'ici, que la voie, traversant ce bois taillis et descendant dans le vallon formé par la réunion de plusieurs ruisseaux, et où il doit être assez difficile de la reconnaître, va passer entre les fermes de la Fresnaye et du Bas-Gourdet, et se dirige vers le bourg de Laillé, en remontant le côteau très-boisé et bien cultivé au haut duquel s'allonge la flèche maigre du clocher de cette paroisse.

On a conservé dans cette localité la tradition d'un *vieux grand chemin* qui passait dans le voisinage, et l'on m'a même indiqué le village du *Pasty*, à l'ouest et à très-peu de distance du bourg de Laillé, comme le point où l'on peut reconnaître quelques vestiges de ce vieux grand chemin. On pourrait croire, d'après cela, et en ne quittant point notre direction nord, que la voie aurait longé à l'est les bois dépendant du château de Laillé, et, passant par les villages des Cormiers, de la Clôture et de la Rivière-Bizais, serait allée franchir la rivière de Seiche, au-dessous du village de la Haye. Mais je dois avouer que, dans ce trajet de 5 kilomètres, je n'ai aucun renseignement précis à présenter. A peu près à moitié chemin, cette ligne laisse à 200 mètres vers l'est le village à chapelle de Teslé, qui est certainement un lieu fort anciennement habité, et qui a donné son nom à une vaste lande qui l'avoisine et qui est traversée par la grande route de Rennes à Nantes. Je présume qu'une partie de la ligne que j'indique doit servir de limite entre les paroisses de Brutz et de Saint-Erblon. Nous allons bientôt nous guider vers Rennes à l'aide de remarques analogues.

Mais avant de passer sur la rive droite de la Seiche, je dois parler d'une enceinte fortifiée placée près de l'embouchure de cette rivière dans la Vilaine. Au-dessus des rochers de Cahot, ainsi nommés d'un village voisin, et qui, pendant plus d'un quart de lieue, forment, le long de la Vilaine, une sorte de muraille de plus de 300 pieds de hauteur, se trouve une plate-forme entourée d'un retranchement et fossé qu'on nomme les *Chastelliers*, et où la tradition place un camp romain. Ce point n'est éloigné que d'une demi-lieue de la ligne que j'assigne à la voie. Ce camp, placé, comme celui de Plechastel, au confluent de deux rivières, a encore avec lui une autre analogie dans son nom des *Chastelliers*, qui signifie *ouvrage militaire, château, camp*.

Le village de la Haye, dont j'ai parlé ci-dessus, et où je fais passer la voie, après qu'elle a traversé la rivière de Seiche, est partagé en deux parties : l'une à l'ouest, dépendant de la paroisse de Brutz ; l'autre à l'est, dépendant de la paroisse de Chartres. Cette singularité, que j'ai déjà remarquée ailleurs, et entre autres au village de la Guittonnais, sur la voie de Blain à Nantes, me semble annoncer que le village de la Haye a été bâti des deux côtés de la voie que nous explorons, qui, antérieure à l'arrangement des paroisses de Brutz et de Chartres, a été choisie pour leur limite respective, et leur en sert encore aujourd'hui. Un examen attentif des lieux pourrait peut-être nous apprendre s'il existait un pont sur la Seiche, vis-à-vis de ce village de la Haye, pont qu'aurait remplacé celui qui a été construit lorsqu'on a tracé la grande route de Rennes à Nantes, sous le gouvernement en Bretagne du duc d'Aiguillon, et qui est connu sous le nom de *Pont-Péan*. Les anciens titres fonciers de la localité pourraient donner à cet égard quelques lumières. J'ai seulement recueilli des renseignements qui apprennent que l'ancienne route passait au village de la Haye; ce qui prouverait que le vieux Pont-Péan n'était point à la place du nouveau, mais à 3 ou 400 mètres au-dessous.

Le village de la *Chaussairie*, situé en majeure partie sur la grande route moderne, a pu recevoir son nom de la voie-chaussée qui en passait à très-peu de distance vers l'ouest. Au-delà et s'avançant toujours vers le nord, la limite de Brutz et de Chartres se poursuit, à travers champs, jusqu'à la grande route, vis-à-vis de la jolie maison du Marais. Là est le point conjonctif de ces deux paroisses et de celles de Chastillon et de Saint-Jacques, qui, jusqu'au pont de Blône, sont limitées par la grande route actuelle.

Tout ce pays est tellement cultivé, qu'on peut difficilement y retrouver des vestiges de la voie; mais cette antique délimitation des paroisses n'est point un renseignement à dédaigner, lorsque, dans tous les pays, il a été reconnu que ces limites avaient été posées sur de grandes longueurs de voies romaines, et que celle-ci continue très-exactement cette ligne que j'ai suivie pendant 18 lieues, de Blain à

Rennes, avec des résultats plus ou moins heureux dans mes recherches. Depuis Bourg-des-Comptes, je n'ai pu donner que des conjectures, appuyées sur la raison, assez plausible, que la voie reconnue jusque-là doit avoir un bout, et que c'est à Rennes que ce bout doit se trouver.

Je ne puis rien dire autre chose pendant la petite lieue qui sépare le pont de Blône de Rennes. Je ne puis non plus préciser le point par où la voie entrait dans l'étroite enceinte du *Condate* romain. Cependant, je présume que ce devait être par la porte Aiviere, *aquaria*, qui était située au bout de la petite rue de l'Isle, faisant la continuation de la rue de la Parcheminerie. J'ajouterai même à cette nouvelle conjecture que la voie devait y arriver en passant près de la chapelle de la Magdeleine, encore subsistante, quoique changée en une manufacture de plomb à giboyer, et que, quittant la rue du Faubourg-de-Nantes et prenant à gauche, aux maisons nommées la *Teillûis*, elle suivait un chemin qui passe à l'est et au joignant de l'arsenal, et arrive vis-à-vis le Champ-Dolent. Là, les fortifications élevées en 1421 par Artur de Bretagne, et qu'on nomme aujourd'hui les *Murs*, ont dû changer entièrement l'état ancien de la localité, et le bizarre entassement de baraques dans le faubourg du Champ Dolent ajoute encore à la difficulté d'y rien reconnaître.

D'un autre côté, la porte *Aivière* a disparu depuis longtemps; mais le vieux mur de l'enceinte gallo-romaine existe encore en partie, des deux côtés de l'emplacement de cette porte. La maçonnerie romaine ne se retrouve, à la vérité, que dans la base de ce mur, dont toute la partie supérieure est une reconstruction peu ancienne et de diversés époques, à de très-faibles fragments près, dans l'un desquels j'ai reconnu l'*opus spicatum* des Romains, c'est-à-dire ces assises de pierres posées de champ et inclinées en sens inverse pour chaque assise ; ce qui forme une sorte de feuille de fougère. Cette maçonnerie m'a paru grossièrement traitée ; mais le ciment, par sa dureté et son aspect gypseux, ne m'a laissé aucun doute sur son origine gallo-romaine. Ce fragment est placé à quelques pas à l'est de la rue du Cartage, aboutissant sur le nouveau quai du canal. C'est près de là qu'on a trouvé, lors des premières fouilles pour l'exécution de ce canal, quelques fragments de poterie romaine, un grand nombre de médailles, et un petit nécessaire de toilette, en bronze, dont les pièces, enchaînées dans un anneau, se composent d'une pince épilatoire, d'un cure-dent, d'un cure-oreille et d'un poinçon semblant destiné à nettoyer les ongles. M. le docteur Aussant, de Rennes, a rendu compte de cette découverte dans l'une des séances archéologiques tenues à Rennes, en 1840, par la Société française pour la conservation des monuments historiques, sous la présidence de M. de Caumont. Ce n'est ici qu'une faible partie des antiquités romaines trouvées à Rennes en différents temps et en divers lieux, découvertes assez importantes pour mériter un chapitre particulier qui ne peut trouver place ici.

La partie de l'ancien mur dans lequel se trouvait la *porte Aivière*, existe encore depuis la rue de la Poissonnerie jusqu'à Saint-Yves. Le couvent des religieuses du Calvaire et l'hôtel de Claie, à l'intérieur de la ville, avaient appuyé dessus quelques bâtiments et leurs terrasses. En dehors, on y avait attaché une quantité de baraques, que les nouveaux travaux ont fait disparaître pour former le quai ; en sorte que le mur gallo-romain , ou , du moins, celui qui a été élevé sur ses antiques fondations, se montre aujourd'hui à découvert et paraît former l'alignement des bâtiments à construire sur le quai. Cet alignement sera bientôt pour lui une cause de ruine, et il serait important qu'on levât le plan de ces parties de l'ancienne enceinte, qu'on ne reconnaît déjà plus en beaucoup d'endroits, parce que les anciens plans l'ont tout à fait négligée. On conçoit, en effet, que depuis la construction de la muraille extérieure par Artur de Bretagne , les fortifications qui longeaient la rive droite de la Vilaine, étaient devenues à peu près inutiles, et c'est ainsi qu'elles avaient été détruites en quelques parties, et, en d'autres, encombrées de bâtiments. Un plan de l'enceinte gallo-romaine de l'antique capitale des Redonès serait donc un travail curieux, et d'autant plus intéressant qu'on pourrait, avec fruit pour l'histoire de l'occupation des Gaules par les Romains, comparer cette enceinte avec celles des autres cités du même temps, dont on s'empresse partout de retrouver avec exactitude et les murailles et la configuration.

Blain , juin 1844.

NANTES, IMPRIMERIE DE Mme Ve CAMILLE MELLINET. — 40,974.